GAODENG ZHIYE JIAOYU
DIANZI SHANGWU ZHUANYE
GUIHUA JIAOCAI

高等职业教育电子商务专业规划教材

移动商务系统开发

YIDONG SHANGWU XITONG KAIFA

■主 编 宋　超　王建中

重庆大学出版社

内容提要

本书从实战角度出发，介绍了基于 Android 环境的移动应用系统开发。全书以一个 Android 应用程序开发案例为主线，介绍了 Android 项目的完整开发过程。在内容编排上，为了突出项目编程方法与编程思想这条主线，本书将 Android 组件的使用分配到每一个功能界面中讲解。本书涵盖了 Android 前端界面开发，Activity、Fragment 程序的开发等内容，这些都是 Android 中最核心的知识，掌握这些知识可以让初学者在编写 Android 程序时更得心应手。

本书每个项目都有源程序，以帮助初学者深入学习。

本书可以作为高等职业院校电子商务、计算机等专业程序设计类课程专用教材，亦可供从事 Android 手机软件开发的人员参考。

图书在版编目（CIP）数据

移动商务系统开发 / 宋超，王建中主编. -- 重庆：重庆大学出版社，2019.1

高等职业教育电子商务专业规划教材

ISBN 978-7-5689-1263-1

Ⅰ. ①移… Ⅱ. ①宋… ②王… Ⅲ. ①移动电子商务—高等职业教育—教材 Ⅳ. ①F713.36

中国版本图书馆 CIP 数据核字(2018) 第 163919 号

高等职业教育电子商务专业规划教材

移动商务系统开发

主 编 宋 超 王建中

策划编辑：尚东亮

责任编辑：文 鹏 版式设计：尚东亮

责任校对：杨育彪 责任印制：张 策

*

重庆大学出版社出版发行

出版人：易树平

社址：重庆市沙坪坝区大学城西路 21 号

邮编：401331

电话：(023) 88617190 88617185(中小学)

传真：(023) 88617186 88617166

网址：http://www.cqup.com.cn

邮箱：fxk@cqup.com.cn（营销中心）

全国新华书店经销

重庆华林天美印务有限公司印刷

*

开本：787mm×1092mm 1/16 印张：14.25 字数：288 千

2019 年 3 月第 1 版 2019 年 3 月第 1 次印刷

印数：1—3 000

ISBN 978-7-5689-1263-1 定价：35.00 元

前　言

随着移动互联网时代的到来，人们的生活和各种移动互联APP密不可分，如QQ、微信、淘宝、美团等。这是一个巨大的新兴市场，吸引着越来越多的软件开发企业加入其中。Android作为一款开源的嵌入式操作系统，吸引了众多的软件开发人员，且Android手机在我国的市场占有率也是最高的。这使得基于Android的移动应用项目开发成为我国移动应用开发最为重要的部分。

目前介绍Android开发技术的书颇多，这些书的最大共同点是花大量篇幅介绍Android各种开发控件的使用。的确，要掌握一门开发技术，必须从基础控件的使用方法开始学起。不过，把这些控件罗列起来并未形成应用程序开发的一条主线，这会使初学者只了解各个组件的使用，而难以进行应用程序的整体性开发。本书没采用罗列Android所有组件使用方法的编写风格，而是结合每一个功能界面所涉及的控件，在每一个项目的"基础控件"部分讲解。读者可在学会了基础控件的使用及Android编程思路后，再进行项目开发。本书给出了一个网上商城的案例项目供读者学习和参考，读者也可以根据自己的兴趣爱好换成其他项目，达到举一反三的目的。这样编排的目的是突出使用性，强调项目开发的连贯性，读者无需花大量时间一次性学习所有控件的使用方法，而是根据"功能界面的需要"进行学习。这样做，既能强调控件在整体项目中的具体运用，又有利于读者循序渐进地进行Android学习。

本书是一本Android入门书籍，全书采用案例驱动式教学，通过11个项目来讲解Android基础在开发中如何运用。众所周知，Android开发使用的是Java语言，因此在学习本书之前，一定要具备Java基础知识。读者在使用本书时，建议从头开始、循序渐进地学习，并且反复练习书中的案例，以达到熟能生巧的目的。

本书共分为14个项目，具体如下：

(1)项目1、2主要介绍移动商务的兴起、Android应用开发环境的搭建及基础UI控件的使用。

(2)项目3、4主要讲解了Activity,包括生命周期、创建、使用等。通过这两个项目的学习,读者可以完成简单的界面交互操作,并且实现相应的点击事件。

(3)项目5主要介绍碎片(Fragment),包括Fragment的声明周期、使用及Fragment与Activity之间的通信。

(4)项目6主要讲解ViewPager的使用,其控件主要用于页面滑动切换。

(5)项目7主要介绍ListView的使用,ListView以列表的形式展示数据,通常需要与Adapter配合使用。

(6)项目8、9介绍开源项目GSON的使用。这两个项目大部分知识是前面学过的,因此当作复习巩固前面学的知识更好。

(7)项目10介绍Android数据存储类SQLite的使用。几乎每个Android程序都会涉及数据存储,一定要掌握。

(8)项目11主要介绍Android应用程序自适应及测试问题。

(9)项目12、13主要讲解Android中两个组件广播接受者和服务,包括广播的创建、发送与接收、服务的创建、声明周期。

(10)项目14主要讲解Android中的网络编程,包括HTTP协议、HttpClient访问网络、数据提交方式以及消息机制原理,并提供案例供读者学习。

本书在习近平中国特色社会主义思想指导下组织编写,编写过程中参考了大量相关文献,借鉴了业内同仁的宝贵经验,在此表示感谢。参与编写的主要人员有王建中(重庆青年职业技术学院)、钟均(重庆传媒职业学院)、徐洲(重庆传媒职业学院)、姚元芳(重庆经贸职业学院)等,全体人员在编写过程中付出了很多辛勤汗水,在此一并表示衷心的感谢;由于编者水平有限,书中难免存有不足与疏漏之处,敬请广大读者给出宝贵意见。

编　者

2018年4月

目　录

项目 1　电子商务系统开发前准备 ………………………… 001

1.1　移动电子商务 ………………………………………………… 001

1.2　移动电子商务系统 …………………………………………… 002

1.3　Android 开发平台的搭建 …………………………………… 003

1.4　体验 Android 开发之旅 ……………………………………… 011

【小结】 ……………………………………………………………… 021

项目 2　电子商务系统需求分析——以乐淘商城为例 ……………………………………………………………… 022

2.1　项目需求概述 ………………………………………………… 022

2.2　项目功能分解 ………………………………………………… 022

2.3　Android UI 开发基础 ……………………………………… 026

2.4　样式和主题 …………………………………………………… 035

【小结】 ……………………………………………………………… 037

项目 3　欢迎界面实现 ………………………………………… 038

3.1　Activity 入门 ………………………………………………… 038

3.2　Activity 的创建 ……………………………………………… 040

3.3　Activity 生命周期 …………………………………………… 042

3.4　在 Activity 中使用 Intent ………………………………… 044

3.5　Activity 中的数据传递 ……………………………………… 046

3.6　欢迎界面的实现 ……………………………………………… 047

3.7 欢迎界面的功能实现 …… 048
【小结】 …… 051

项目4 登录功能实现 …… 052
4.1 基础控件讲解 …… 052
4.2 Android 常用点击事件处理方式 …… 057
4.3 SharedPerferences 的使用 …… 059
4.4 登录界面的实现 …… 062
4.5 登录功能的实现 …… 064
【小结】 …… 066

项目5 底部导航栏功能实现 …… 067
5.1 Fragment 简介 …… 067
5.2 Fragment 的使用方式 …… 068
5.3 Fragment 的生命周期 …… 076
5.4 Fragment 和 Activity 之间进行通信 …… 078
5.5 底部导航栏功能实现 …… 078
【小结】 …… 086

项目6 首页广告图片切换功能实现 …… 087
6.1 ViewPager 简介 …… 087
6.2 ViewPager 的基本使用 …… 087
6.3 广告图片功能实现 …… 091
【小结】 …… 096

项目7 首页商品列表功能实现 …… 097
7.1 ListView 控件 …… 097
7.2 常用数据适配器(Adapter) …… 099
7.3 ListView 应用案例——Android 应用市场 …… 100
7.4 商品列表功能实现 …… 104
【小结】 …… 108

项目 8 商品详情功能实现 …… 109
8.1 使用 Intent 传递复杂数据 …… 109
8.2 商品详情功能实现 …… 113
【小结】 …… 118

项目 9 购物车功能实现 …… 119
9.1 JSON 简介 …… 119
9.2 GSON 简介 …… 119
9.3 GSON 使用 …… 120
9.4 购物车功能实现 …… 121
【小结】 …… 129

项目 10 查询功能实现 …… 130
10.1 SQLite 数据库简介 …… 130
10.2 SQLite 数据的使用 …… 131
10.3 “乐淘商城”数据实施 …… 136
10.4 查询功能实现 …… 138
【小结】 …… 141

项目 11 个人中心及项目测试发布 …… 142
11.1 个人中心界面的实现 …… 142
11.2 程序自适应处理 …… 145
11.3 设置程序 Logo …… 150
11.4 Android 单元测试 …… 151
11.5 项目在不同版本的 Android 手机上的安装与运行 …… 158
【小结】 …… 158

项目 12 其他 Android 主题开发——广播机制 …… 159
12.1 广播简介 …… 159

12.2 广播接收器 …… 160
12.3 自定义广播 …… 165
【小结】 …… 168

项目 13 其他 Android 主题开发——服务 …… 169
13.1 服务的创建 …… 169
13.2 服务的生命周期 …… 170
13.3 服务的启动方式 …… 171
13.4 服务通信 …… 178
13.5 案例——音乐播放器 …… 179
【小结】 …… 188

项目 14 其他 Android 主题开发——网络编程 …… 189
14.1 网络编程入门 …… 189
14.2 使用 HttpURLConnection 访问网络 …… 194
14.3 使用 HttpClient 访问网络 …… 199
14.4 数据提交方式 …… 203
14.5 开源项目 …… 216
【小结】 …… 219

参考文献 …… 220

项目 1
电子商务系统开发前准备

【学习目标】

- 了解移动电子商务及电子商务系统
- 掌握 Java 开发环境的搭建
- 掌握 Android 开发环境的搭建
- 掌握 Android 程序开发基础,并动手开发 HelloWorld 程序

1.1 移动电子商务

互联网发展速度之快,令人叹为观止。什么是移动电子商务?它与传统电子商务相比又有什么可取之处?我们知道,电子商务是指以信息网络技术为手段、以商品交换为中心的商务活动。而移动电子商务与它的区别仅仅是商贸活动进行的方式不一样。传统的电子商务通过电脑进行沟通,而移动电子商务,顾名思义,就体现在“移动”二字上,它的主要传播途径是手机、PAD、掌上电脑等手持移动终端。与传统电商相比,移动电商在商贸谈判中更上一层楼。移动电子商务有自己的特点,具体可以总结为移动性和个人性。

移动性:移动电子商务允许用户在任何时间、任何地点使用。这种移动性体现在移动应用上。例如,用户可以通过微信将拍的照片在任意时间、地点发送到朋友圈,还可以通过手机淘宝随时随地购物。

个人性:移动设备都拥有唯一的身份识别号码,正是因为这种唯一性,使得识别用户并且收集关于用户的个人信息、个人习惯、地理位置等信息成为可能,用户借此可以享受更加个性化的体验。

移动电子商务与传统电子商务相比,具有的优势可以总结为以下 6 点:

- 不受时空限制。与传统的电子商务相比,移动电子商务最大的优势就是移动用户可以随时随地获取需要的服务、应用和信息。

- 更好的个性化服务。
- 可识别性更好。
- 信息获取更为及时。
- 可提供基于位置的服务。
- 支付更加方便、快捷。

移动电子商务的发展已经势不可当,将会与人们的生活越来越紧密。

1.2 移动电子商务系统

移动电子商务系统在满足电子平台的网络通信协议规范的前提下,用移动电子设备实现用户管理、咨询查询、商品买卖等功能。

随着移动通信技术和计算机的发展,移动电子商务系统的发展已经经历了三代。

第一代移动电子商务系统是以短信为基础的访问技术,这种技术存在着许多严重的缺陷,其中最严重的问题是实时性较差,查询请求不会立即得到回答。此外,由于短信长度的限制也使得一些查询无法得到完整的答案。这些令用户无法忍受的严重问题也导致了一些早期使用基于短信的移动商务系统的部门纷纷要求升级和改造现有的系统。

第二代移动电子商务系统采用基于 WAP 技术的方式,主要通过浏览器的方式来访问 WAP 网页,以实现信息的查询,解决了第一代移动访问技术的部分问题。第二代移动访问技术的缺陷主要表现在 WAP 网页访问的交互能力极差,因此极大地限制了移动电子商务系统的灵活性和方便性。此外,WAP 网页访问的安全问题对于安全性要求极为严格的政务系统来说也是一个严重的问题。这些问题也使得第二代技术难以满足用户的要求。

新三代移动电子商务系统采用了基于 SOA 架构的 Web service、智能移动终端和移动 VPN 技术相结合的第三代移动访问和处理技术,使得系统的安全性和交互能力有了极大的提高。第三代移动电子商务系统同时融合了 3G 移动技术、智能移动终端、VPN、数据库同步、身份认证及 Web service 等多种移动通信、信息处理和计算机网络的最新前沿技术,以专网和无线通信技术为依托,为电子商务人员提供了一种安全、快速的现代化移动商务办公机制。

工欲善其事,必先利其器,要开发一款应用,首先要从开发环境搭建开始,下面对 Android 开发环境进行介绍。

1.3　Android 开发平台的搭建

在开发 Android 应用之前,首先要在操作系统中搭建开发环境。以前使用 Eclipse 工具开发 Android 程序时,首先需要安装 Eclipse 工具,再引入 Android SDK 工具包,最后添加 ADT 插件,这种安装方式比较麻烦。为此,谷歌提供了一个集成的 SDK 工具包,其中集成了 ADT 插件的 Eclipse 和 Android SDK 工具包,这样可以省去很多麻烦。

1.3.1　Java 开发环境搭建

①找到 Java 安装文件,双击运行程序,界面如图 1-1 所示。

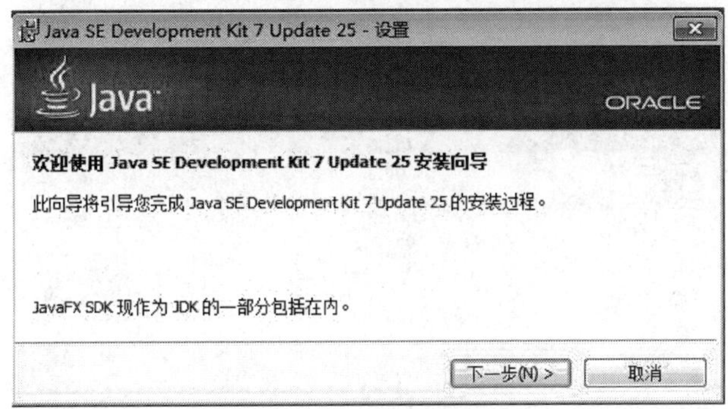

图 1-1　Java 安装界面

②单击“下一步”按钮。默认安装位置是“C:\Program Files\Java\jdk1.7.0_25\”,界面如图 1-2 所示。

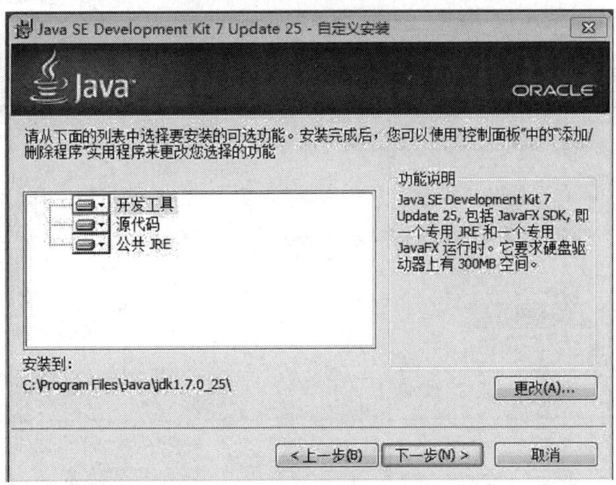

图 1-2　Java 安装路径选择

③单击“下一步”按钮,弹出安装进度界面,如图 1-3 所示。

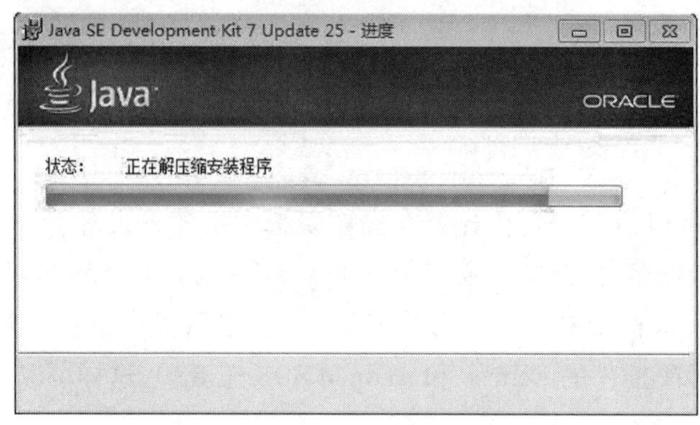

图 1-3　安装进度界面

④在安装过程中会弹出选择 jre 安装目录的界面,默认安装到“C:\Program Files\Java\jre7\”。单击“下一步”按钮,继续安装,界面如图 1-4 所示。

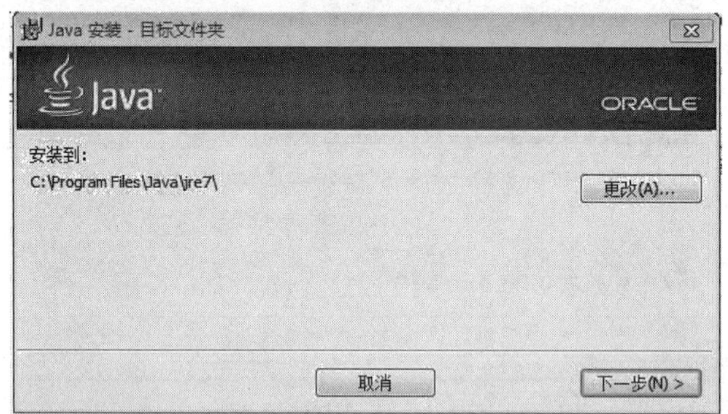

图 1-4　jre 安装目录

⑤完成后弹出“完成”对话框,单击“关闭”按钮完成安装,如图 1-5 所示。

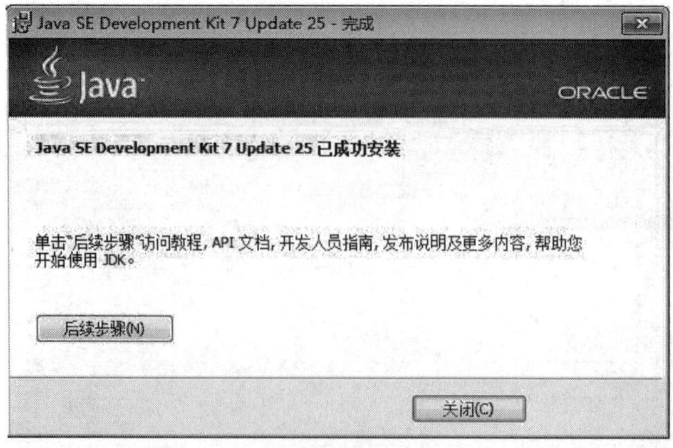

图 1-5　安装完成

⑥完成安装后需设置 Java 运行环境。具体做法如下：

a. 鼠标右键依次单击“我的电脑”→“属性”→“高级系统设置”，单击下面的“环境变量”按钮，在弹出的对话框的“系统变量”处选择新建，在变量名处输入“JAVA_HOME”，变量值中输入刚才的安装目录，如“C:\Program Files\Java\jdk1.7.0_25\”，如图 1-6 所示。

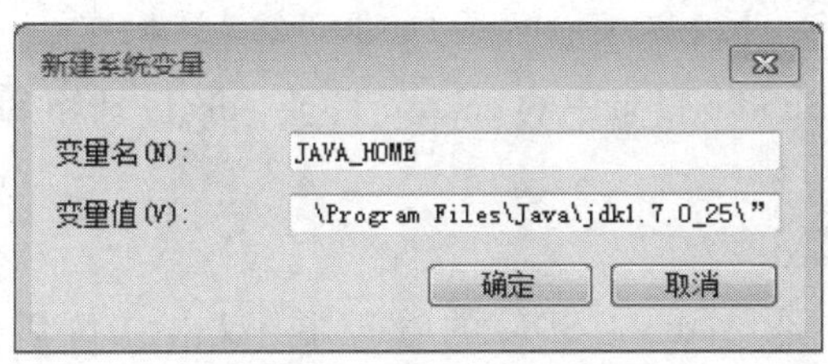

图 1-6　新建系统变量

b. 找到 Path 的变量，双击或单击编辑，在变量值最后面添加如图 1-7 所示的值，注意分号为英文状态下的分号。

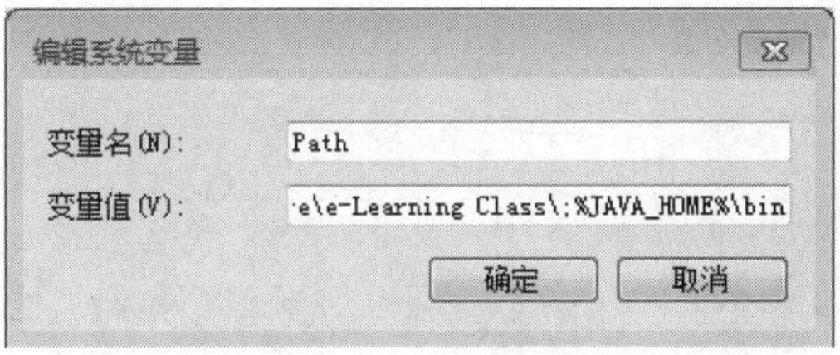

图 1-7　编辑系统变量

⑦安装完成后可以检测是否安装成功。方法是依次单击“开始”→“运行”，在运行框中输入“cmd”并按下 Enter 键。在打开的 CMD 窗口中输入“java -version”，如果显示如图 1-8 所示的信息，则证明安装成功。

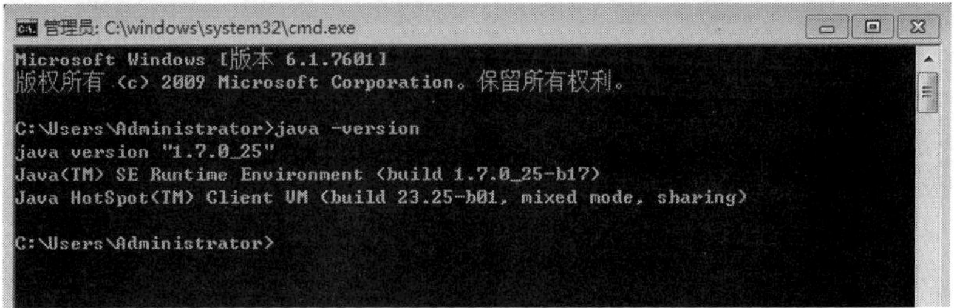

图 1-8　安装成功后输出信息

1.3.2　ADT Bundle 开发工具集合

首先到 http://developer.android.com/sdk/index.html 网址下载相应版本的 ADT Bundle，本书以 adt-bundle-windows-x86-20131030(32 位系统)为例进行讲解。将 ADT

Bundle 解压后，会看到 eclipse 目录、sdk 目录和 SDK Manager. exe，具体如图 1-9 所示。

名称	修改日期	类型	大小
eclipse	2016-12-26 9:20	文件夹	
sdk	2016-12-26 9:20	文件夹	
SDK Manager.exe	2013-10-30 14:42	应用程序	350 KB

图 1-9　Google sdk bundle 开发工具集合

接下来针对 ADT Bundle 目录中的 eclipse 目录、sdk 目录和 SDK Manager. exe 分别进行详细的讲解。

(1) SDK Manager. exe

SDK Manager. exe 是 Android SDK 的管理器，双击它可以看到所有可下载的 Android SDK 版本。由于 Android 版本比较多，全部下载会很耗时间，因此可以根据情况适当进行选择。当然，如果硬盘容量充足，也可以全部选择。Android SDK Manager 窗口如图 1-10 所示。

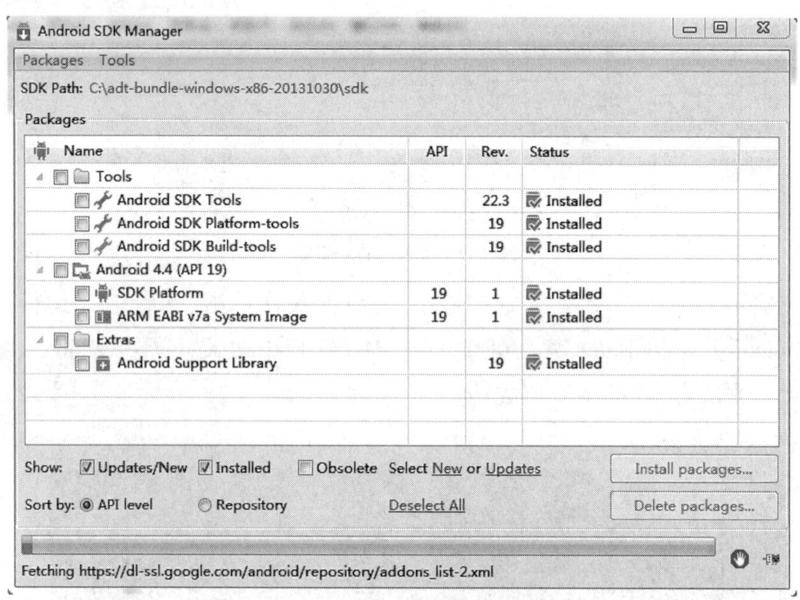

图 1-10　Android SDK Manager 窗口

在如图 1-10 所示窗口中选择相应的 SDK 版本，单击窗口右下角的"Install packages..."按钮进入"Choose Package to install"界面，选中右下角的"Accept License"，单击"Install"按钮进行安装，如图 1-11 所示。

需要注意的是，由于安装过程使用的资源是在线下载的，因此安装过程比较慢，需耐心等待。

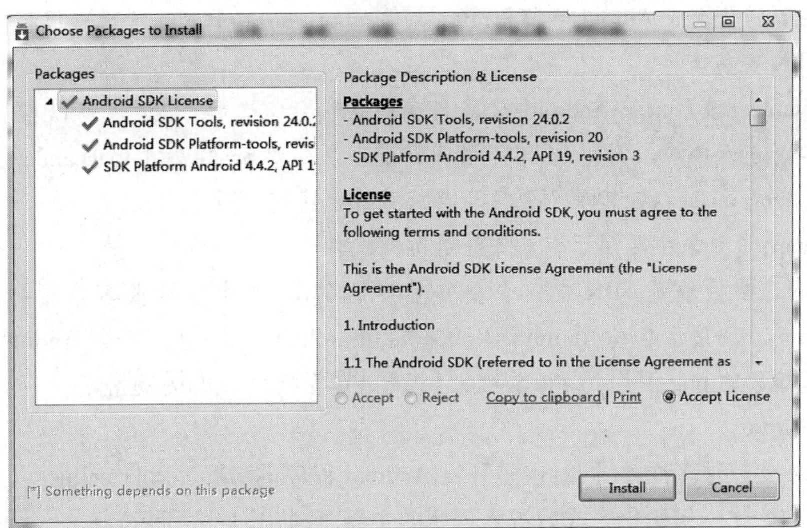

图 1-11　Choose Package to install 界面

(2)SDK

SDK 为开发者提供了库文件及其他开发工具,它是在整体开发中使用的工具包,该工具包中包含了很多文件,具体如图 1-12 所示。

名称	修改日期	类型	大小
add-ons	2016-12-26 9:20	文件夹	
build-tools	2013-10-30 14:43	文件夹	
extras	2013-10-30 14:45	文件夹	
platforms	2013-10-30 14:43	文件夹	
platform-tools	2013-10-30 14:42	文件夹	
system-images	2013-10-30 14:44	文件夹	
tools	2013-10-30 14:42	文件夹	

图 1-12　SDK 目录

从图 1-12 可以看出,SDK 中包含了很多文件夹,接下来针对这些文件夹进行介绍。

- add-ons:该目录用于存放 Android 的扩展库,如 Google API 等。
- docs:该目录是 Android 开发的相关文档,主要包括 SDK 平台、ADT、工具介绍、开发指南、API 文档、相关资源等。
- extras:该目录主要用于存放 Android 附加的支持文件,主要包括 Android 的 support 支持包、Google 的几个工具和驱动。
- platforms:该目录用于存放 Android SDK Platforms 平台的相关文件,包括字体、res 资源模板等。
- platform-tools:该目录主要用于存放各平台工具,如 adb. exe、dx. bat、appt. exe。其中,adb. exe 工具用于连接 Android 手机或模拟器,dx. bat 工具用于将. class

字节码转换成 Anroid 字节码. dex 文件,appt. exe 用于把开发的应用程序打包成 APK 安装文件。

- samples:该目录是 Android SDK 自带的默认示例工程,初学者可以根据里面的示例进行自学。例如,要学习游戏开发可以参考 Snake 和 LunarLander。
- system-images:该目录主要用于存放系统中用到的图片。
- temp:该目录主要用于存放系统的临时文件。
- tools:该目录是 SDK 中一个非常重要的目录,其中包括很多重要的工具,如 ddms. bat 用于启动 Android 调试工具, draw9patch. bat 用于绘制 Android 平台下可缩放的 png 图片, sqlite3. exe 可以在 PC 上操作 SQLite 数据库。

(3)eclipse

eclipse 支持很多插件,同时也是开发 Android 程序的 IDE。运行 eclipse 工具时,首先会进行初始化。初始化完成后进入程序的主界面,如图 1-13 所示。

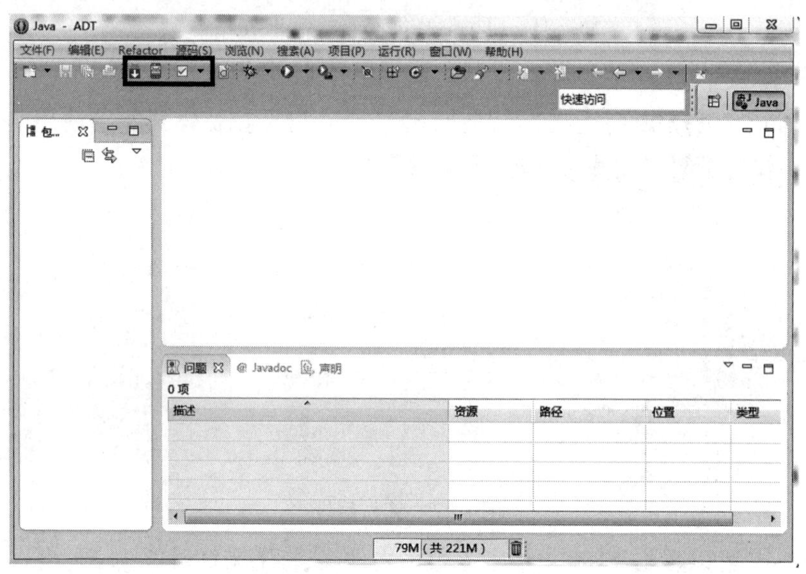

图 1-13　eclipse 主界面

在图 1-13 中,最左边的 Android 图标是 Android SDK 管理器,单击它和单击 SDK Manager 的效果是相同的。中间的图标用来开启 Android 模拟器。在 Android 开发过程中,可以使用安卓模拟器来代替手机进行程序调试。右边的图片用来检查代码。单击 Android 图标启动一个模拟器,如图 1-14 所示。

在如图 1-14 所示窗口中,右侧列表有一个"New..."按钮,单击该按钮就会创建一个新的模拟器,这里创建一个名为 Android 4.0 的模拟器,设备选择 3.2 英寸屏幕的手机,目标 SDK 版本指定为 Android 4.4(也可以指定其他版本),然后指定手机的内存和 SD 卡的内存大小,如图 1-15 所示。

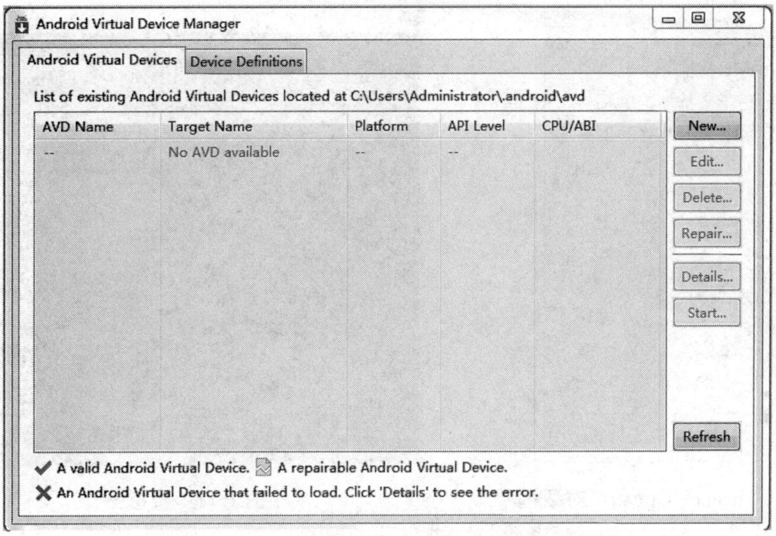

图 1-14　Android Virtual Device Manager 界面

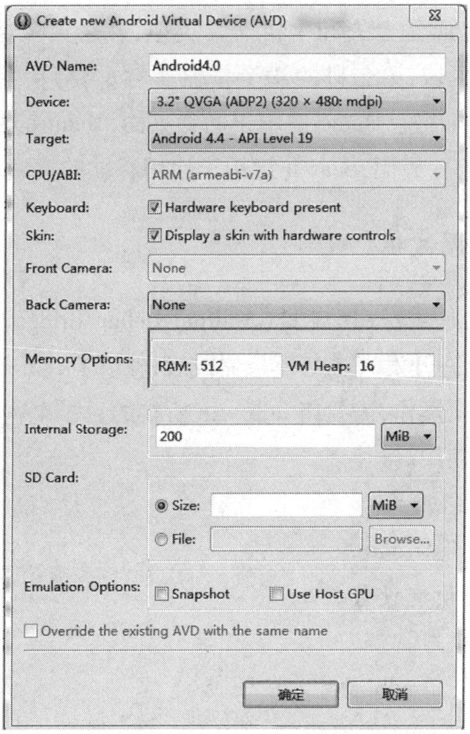

图 1-15　创建模拟器

模拟器创建完成后，相关信息就会在 Android Virtual Device Manager 中显示，单击右侧的“Start”按钮，弹出“Lanuch Options”对话框，如图 1-16 所示。

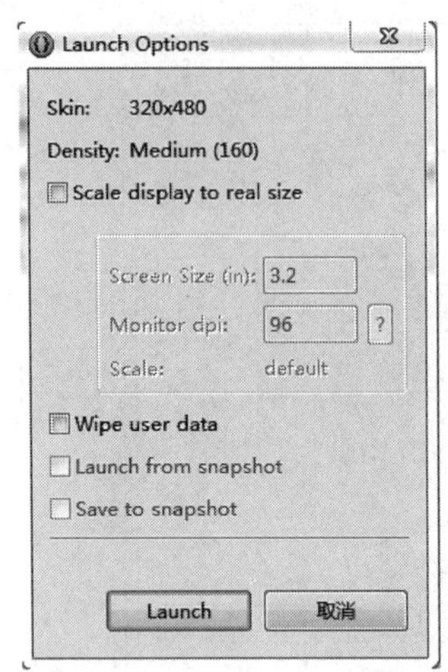

图 1-16 “Lanuch Options”对话框

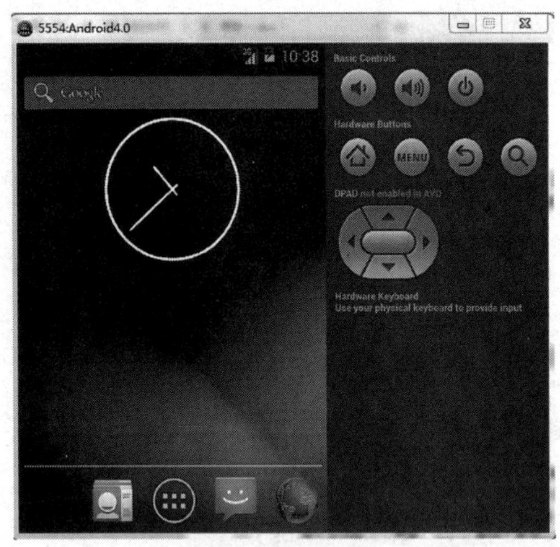

图 1-17 模拟器

单击如图 1-16 所示对话框中的“Lanuch”按钮,模拟器就会像手机一样启动。启动完成后的界面如图 1-17 所示。

Android 模拟器的界面看上去和手机非常类似,几乎可以像使用手机一样去使用它。模拟器右侧是键盘区域,第二排的 4 个按钮非常重要,从左到右依次是 Home 键、Menu 键、Back 键和 Search 键。Home 键用于回到桌面,Menu 键用于在程序界面中显示菜单,Back 键用于返回上一界面,Search 键用于使用谷歌的搜索功能。

1.3.3 Android 调试桥(ADB)

Android 调试桥指的是 adb. exe 工具(Android Debug Bridge, ADB),存放于 SDK 的 platform-tools 目录中,允许开发人员与模拟器或者链接的 Android 设备进行通信。为了使用该指令快速完成某项操作,需要将 adb. exe 所在的目录配置到 path 环境变量中,之后就可以在命令窗口中使用。

ADB 的常见指令介绍如下:

- adb start-server:开启 adb 服务。
- adb devices:列出所有设备。
- adb logcat:查看日志。
- adb kill-server:关闭 adb 服务。
- adb shell:挂载到 Linux 的空间。
- adb install<应用程序(加扩展名)>:安装应用程序。
- adb -s<模拟器名称>install<应用程序(加扩展名)>:安装应用程序到指定模拟器。
- adb unistall<程序包名>:卸载指定的应用程序。
- adb emulator -avd<模拟器名称>:启动模拟器。

接下来以 adb devices 指令为例来演示 ADB 指令的使用。打开命令行窗口,在该窗口中输入 adb devices,此时就会列出当前存在的模拟器或者移动设备,如图 1-18 所示。

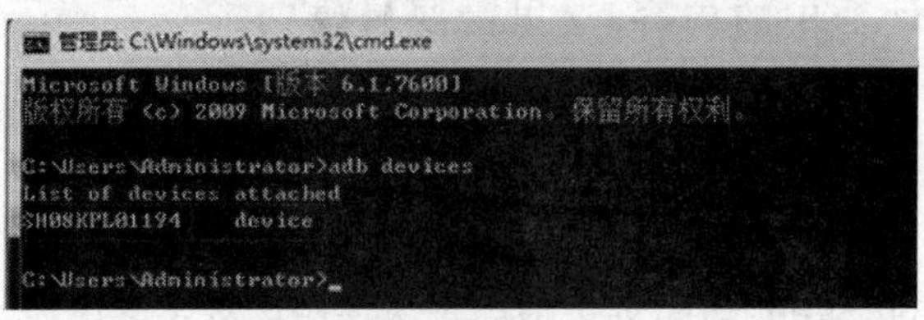

图 1-18　adb devices

从上面的演示可以看出,ADB 指令使用起来很方便,但这些指令不要求初学者死记硬背,了解即可,需要的时候可以自己查询。

1.4　体验 Android 开发之旅

配置完开发环境,相信同学们都迫不及待想解开 Android 开发的神秘面纱吧!下面通过一个简单的例子让同学们了解 Android 开发的整个流程。

1.4.1　创建 HelloWorld 项目

现在使用 ADT 在 Eclipse 平台创建一个 Android 项目,步骤如下:

①打开 Eclipse 开发工具,选择菜单项中的“文件”→“新建”→ “Android Application Project”,如图 1-19 所示。

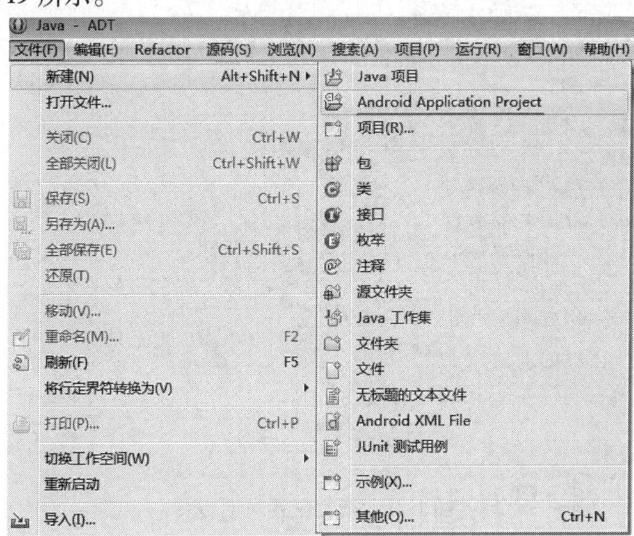

图 1-19　新建 Android 项目(一)

②在弹出的“New Android Application”对话框中填写Android项目信息。在“Application Name”文本框中输入“HelloWrold”，Eclipse会自动生成“Project Name”以及“Package Name”对话框中的内容，这里需要修改“Package Name”中的包名(com.chapter1.helloworld)。在“Minimum Required SDK”下拉列表框中选择该应用程序最低支持的Android版本，这里选择“API8：Android 2.2(Froyo)”；在“Target SDK”下拉列表框中选择该应用程序最高支持的Android版本，这里选择“API19：Android 4.4(KitKat)”；在“Compile With”下拉列表框中选择该应用程序编译的目标版本，这里选择“API19：Android 4.4(KitKat)”；在“Theme”下拉列表框中选择该应用程序主题，这里使用默认主题“Holo Light with Dark Action Bar”。填完后如图1-20所示。

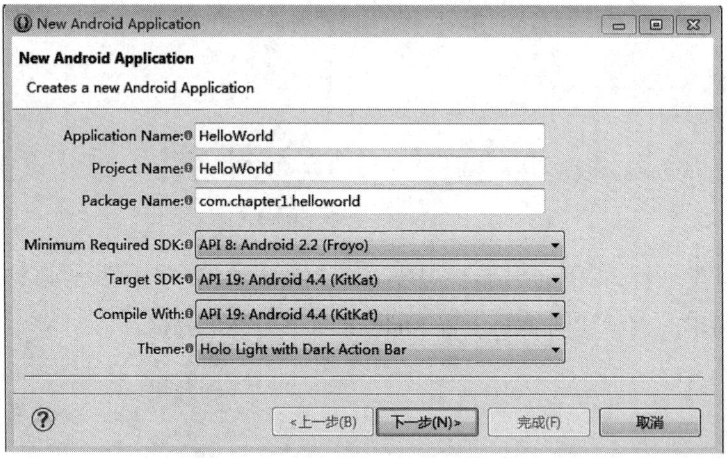

图1-20　新建Android项目(二)

③单击“下一步”按钮，弹出项目配置对话框。这里使用默认配置，如图1-21所示。

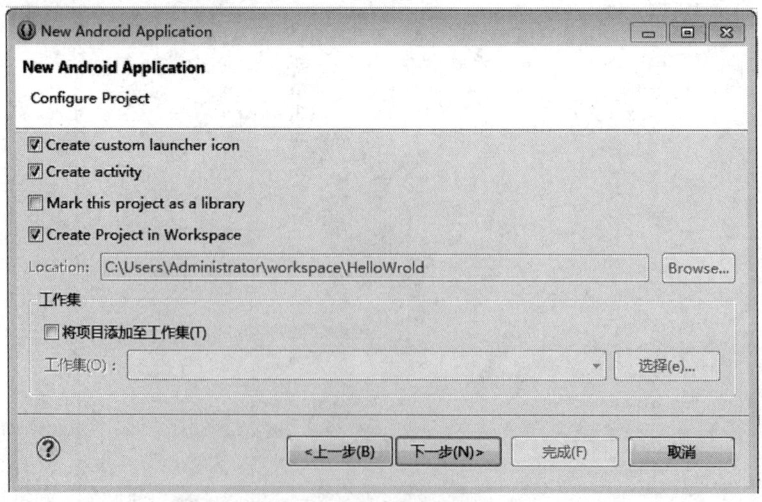

图1-21　项目配置对话框

④单击“下一步”按钮，弹出配置应用程序桌面图标对话框。这里仍然采用默认配置，如图 1-22 所示。

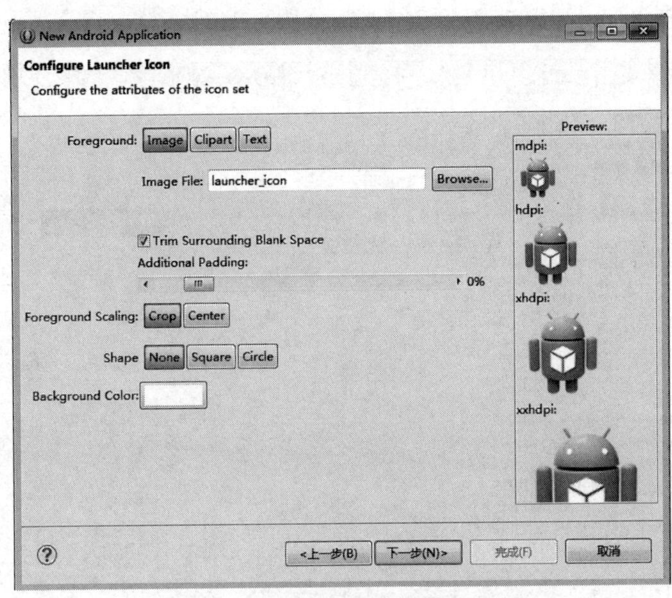

图 1-22　配置应用程序桌面图标对话框

⑤单击“下一步”按钮，弹出创建 Activity 对话框。这里将“Create Activity”复选框选中，并在列表框中选择“Blank Activity”，创建一个空的 Activity，如图 1-23 所示。

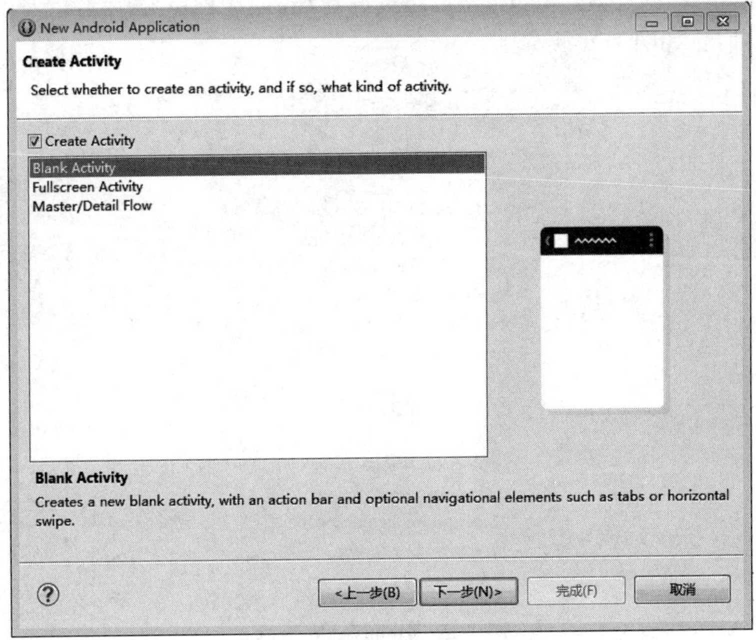

图 1-23　创建“Activity”对话框

⑥单击“下一步”按钮，弹出 Activity 配置对话框。在“Activity Name”文本框中输入“MainActivity”；在“Layout Name”文本框中输入“activity_main”；在“Navigation Type”下拉列表框中选择“None”，完成 Activity 配置，如图 1-24 所示。

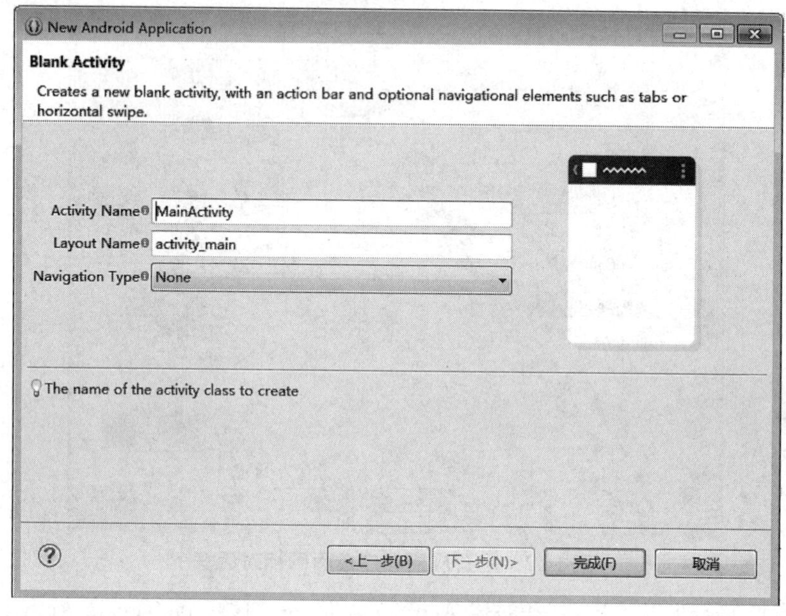

图 1-24　创建空的“Activity”对话框

⑦单击“完成”按钮，在 Eclipse 的“包资源管理器”中就会看到 Eclipse 自动生成的 HelloWorld 项目，如图 1-25 所示。

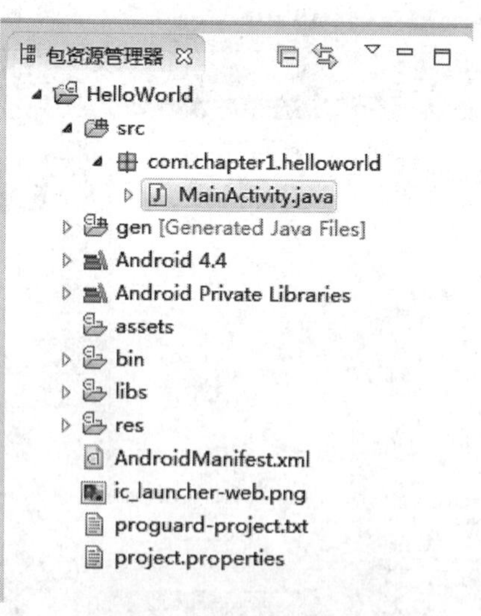

图 1-25　HelloWorld 项目

1.4.2　模拟器配置及运行 HelloWorld 项目

创建好一个简单的 HelloWorld 项目,现在需要配置手机开发模拟器(AVD)。具体步骤如下:

①单击常用工具栏中“Android SDK and AVD Manager”图标。

②弹出如图 1-26 所示的配置对话框。单击“New...”按钮,新建一个手机模拟器(AVD)。

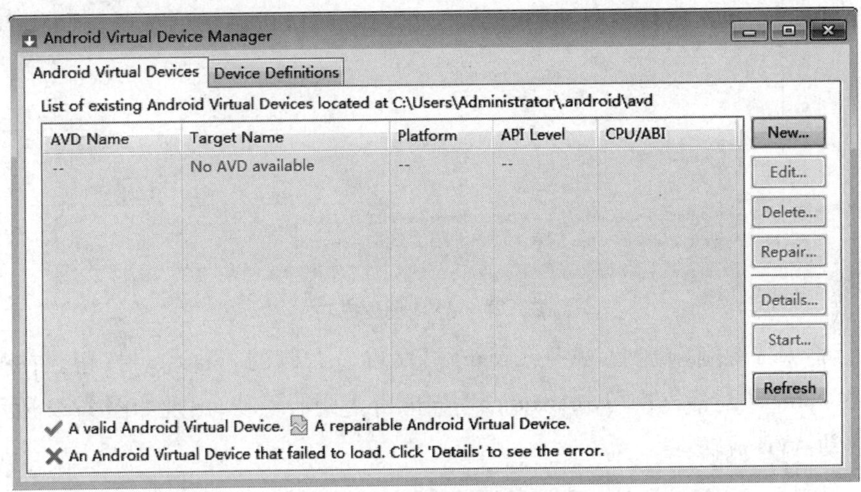

图 1-26　创建 AVD 对话框

③在弹出的“Create new Android Virtual Device(AVD)”中配置模拟器参数。在“AVD Name:”文本框中输入虚拟机的名称,如“orange”;在“Device”下拉列表框中选择设备类型,这里选择“5.1" WVGA(480 * 800:mdpi)”;在“Target”下拉列表中选择 Android API 版本,这里选择“Android 4.4-API Level 19”;在“SD Card”中的“Size”中填入 SD 卡容量,如 512M,单击“确定”按钮,如图 1-27 所示。出现如图 1-28 所示的对话框时,表示创建 AVD 成功。

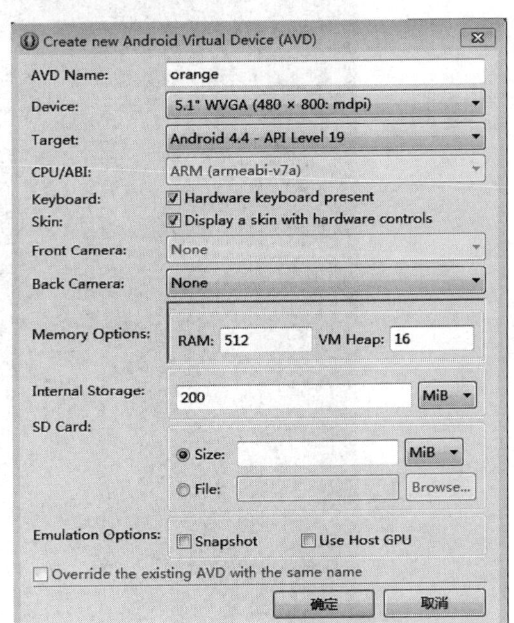

图 1-27　AVD 配置对话框

④启动 AVD。在如图 1-28 所

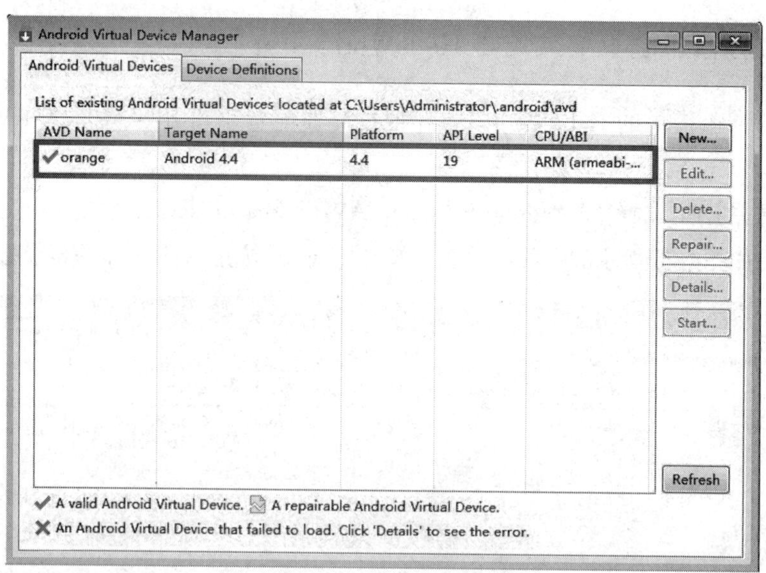

图 1-28　AVD 创建成功

示的对话框中选中刚创建的 AVD（“orange”），单击右侧的“Start...”按钮。在弹出的“Launch Options”对话框中单击“Launch”按钮，经过耐心等待，出现如图 1-29 所示的界面，则启动 AVD 成功。

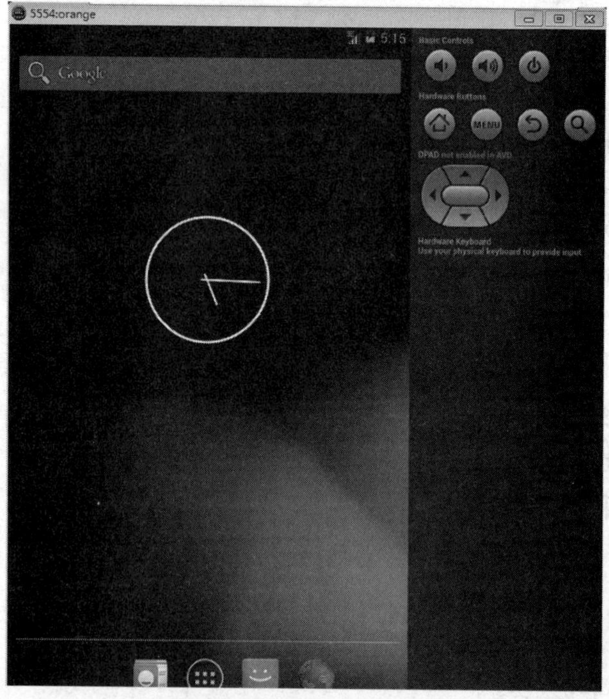

图 1-29　成功启动 AVD

⑤在 AVD 上运行项目 HelloWorld。具体操作为：用鼠标右键单击"HelloWorld"项目→"运行方式"→"Android Application"，如图 1-30 所示，完成项目部署。加载模拟器需要一段时间，请耐心等待，直到模拟器上出现如图 1-31 所示的界面，则表示第一个 Android 项目运行成功。

图 1-30　运行 HelloWorld 项目

图 1-31　运行 HelloWorld 成功后的界面

1.4.3　剖析 Android 程序结构

在创建 Android 程序时，eclipse 就为其构建了基本结构，设计者可以在此结构上开发应用程序，因此，掌握 Android 程序结构是很有必要的。HelloWorld 程序的结构，如图 1-32 所示。

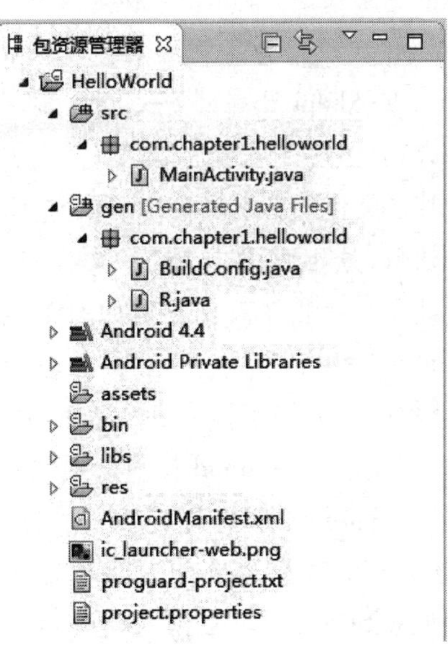

图 1-32　HelloWorld 程序的结构

在图 1-32 中,可以看到一个 Android 程序由多个文件及文件夹组成,这些文件分别用于不同的功能,常用的文件和文件夹如下:

- src:该文件夹是放置所有 java 文件的地方,在这里的含义和普通 java 项目下的 src 是完全一样的,在 src 目录中可以创建多个包,每个包中可以存放不同的文件或者 Activity。
- gen:该目录是自动生成的,主要包含 R. java 文件,在项目中添加的任何资源文件都会在其中生成一个相对应的资源 id。这个文件一定不要手动修改,当 res 资源文件修改时,R. java 文件都会被重新编译。
- Android 4. 4:该目录下存放的是当前工程使用的 Android SDK,从图中可以看出当前引用的是 Android SDK 4. 4,不同版本的 SDK 文件的名称也不同。
- assets:该目录用于存放一些随程序的文件,通常放置一些项目中用到的多媒体资源。当 Android 程序打包时,它会原封不动地被一起打包,安装时会直接解压到对应的 assets 目录中。
- bin:该目录不需要过多关心,主要包含了一些在编译过程中自动生成的文件,其中会有一个当前项目编译好的安装包,展开 bin 目录会看到 HelloWorld 程序的安装包 HelloWorld. apk,把这个文件复制到手机就可以直接安装了,但是不能作为发布版本使用。
- libs:如果项目中用到第三方的 jar 包,就需要把这些 jar 包都复制到 libs 目录下,放在这个目录下的 jar 包会被添加到构建路径中。
- res:该目录放置的是 Android 要用到的各种程序资源文件,如图片、布局、字符串等。图片放在 drawable 目录下,布局文件放在 layout 目录下,字符串放在 values 目录下。其中,drawable 目录分为不同的文件夹:drawable-hdpi、drawable-ldpi、drawable-mdpi、drawable-xhdpi、drawable-xxhdpi,这些文件夹中存放的图片分别对应不同手机屏幕大小,以便做屏幕适配。
- AndroidMainfest. xml:该文件是整个项目的配置文件,程序中定义的四大组件都需要在这个文件里注册,另外还可以在这个文件中给应用程序添加权限声明,也可以重新制定创建项目时程序最低兼容的版本和最高版本。清单文件配置的信息会配置到 Android 系统中,当程序运行时,系统会先找到清单文件中配置的信息,然后根据设置的信息打开相对应的组件。
- proguard-project. txt:该文件是 Android 提供的混淆代码工具 proguard 的配置文件,通过该文件可以混淆应用程序的代码,防止应用程序被反编译出源码。
- project. properties:该文件记录了 Android 项目运行时的环境,并通过一行代码制定了编译程序时所用的 SDK 版本,这个版本可以手动修改,但必须是已下载的版本。

1.4.4　Android 程序打包

Android 应用程序开发完成后,如果需要发布到互联网上供别人使用,就需要将程序打包成正式的 Android 安装包 APK(Android Package)文件,其扩展名为.apk。使用 run as 也能生成一个 APK 安装包,但是使用 run as 生成的是测试安装包,只能供开发者自己测试使用。接下来就以 HelloWorld 为例讲解如何生成正式的 APK 文件。

①右击项目名称,依次选择"Android Tools"→"Export Signed Application Package",如图 1-33 所示。

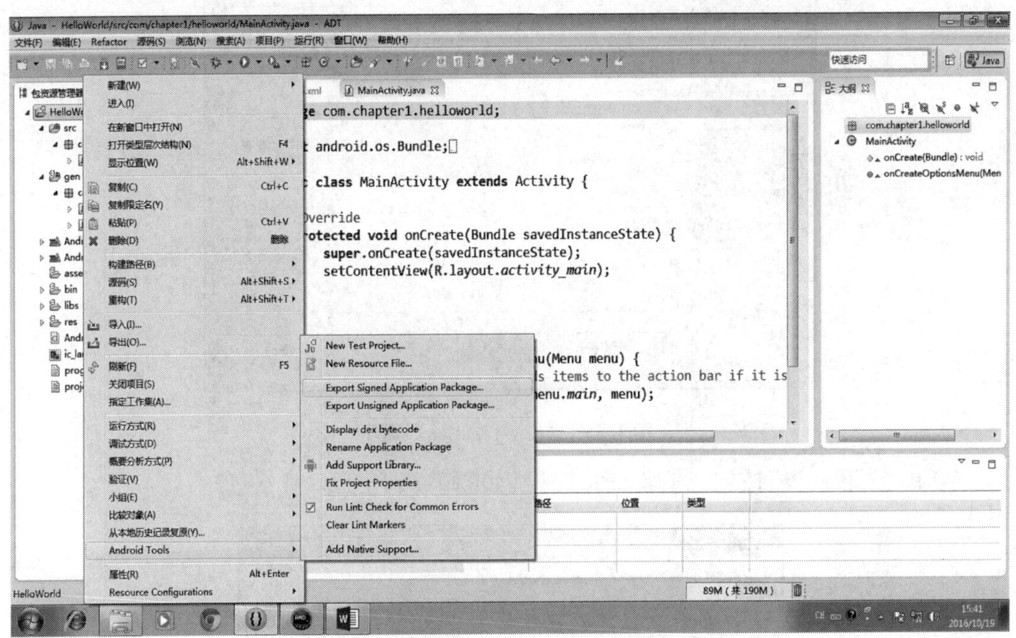

图 1-33　Export Signed Application Package

②进入 Project Checks 界面后,在该界面中选择要导出的项目"HelloWorld",如图 1-34 所示。

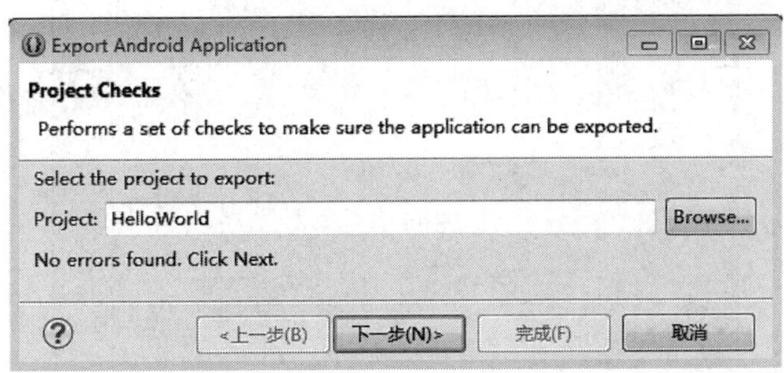

图 1-34　"Project Checks"界面

③单击“下一步”按钮,进入“Key Creation”界面,确定证书名称与相关信息。其中,Alias 表示证书的名称,此处添加的名称为 certificate, Password 是证书密码,Validity (years)是证书有效年份,其下是证书创建的地区等信息,如图 1-35 所示。

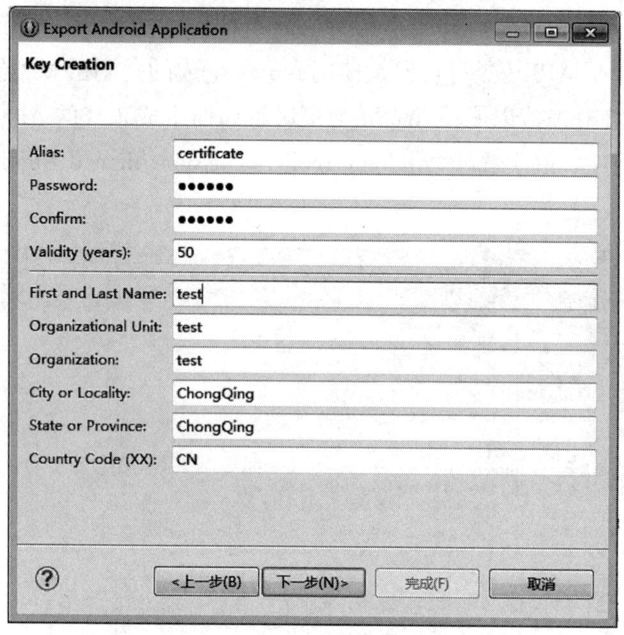

图 1-35 “Key Creation”界面

④单击“下一步”按钮,选择 APK 路径,如图 1-36 所示。

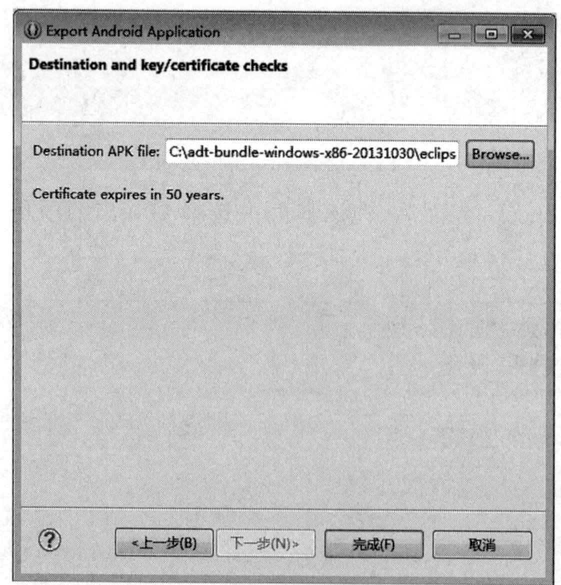

图 1-36 Destination and key/certificate checks

⑤单击如图 1-36 所示界面中的“完成”按钮,进行程序打包工作。打包过程需要等一段时间,项目越大,时间越长。如果在该界面单击“取消”按钮,则不会生成证书,只有单击“完成”按钮后,eclipse 才会先生成证书文件,再执行打包流程。

至此,HelloWorld 程序就完成了打包过程,此时可以到对应的目录中查看 HelloWorld. apk。需要注意的是:如果之前有一个证书,就可以选择已存在的证书,只需要填写相对应的密码即可。

【小结】

本项目主要介绍了移动电子商务及电子商务系统,让同学们有个总体认识;然后,着重介绍了 Android 开发平台的搭建,以及在该平台上开发第一个 Android 项目并将项目部署到 AVD 上,最后介绍了 Android 项目的打包。

项目2

电子商务系统需求分析

——以乐淘商城为例

【学习目标】

- 了解乐淘商城的功能需求
- 掌握相对布局、线性布局、网格布局的使用方法
- 了解表格布局、绝对布局、帧布局的使用方法
- 学会使用主题和样式

2.1 项目需求概述

随着移动通信技术、互联网技术和信息处理技术的快速发展,人们已经不再满足于传统的商务活动,而是希望随时随地进行收发电邮、移动支付、定购各种商品等商务活动,因此,移动电子商务成为人们关注和研究的热点。与传统通过台式电脑平台开展的电子商务相比,移动电子商务拥有更为广泛的用户基础,因此,也具有更为广阔的应用前景,特别是在当前4G背景下,移动电子商务正逐渐凭借技术和应用上的优越性,显示出强大的生命力。本项目“乐淘商城”正是其中的代表。

2.2 项目功能分解

该项目的功能流程图如图2-1所示,包括登录、注册、商品列表、商品详情、商品搜索、购物车、个人中心等几个模块。

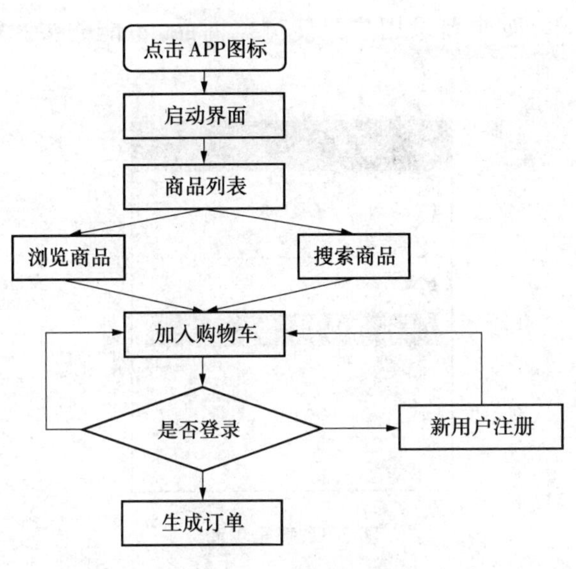

图2-1　系统流程图

2.2.1　程序主界面功能

相比于计算机屏幕,手机屏幕比较小,手机应用软件一般不具有像门户网站那么大的信息量。因此,手机应用程序都习惯把所有功能罗列在一个主界面上,这样做的目的是使用户能够直观明了地知道系统拥有哪些功能模块。本项目主界面如图2-2所示。

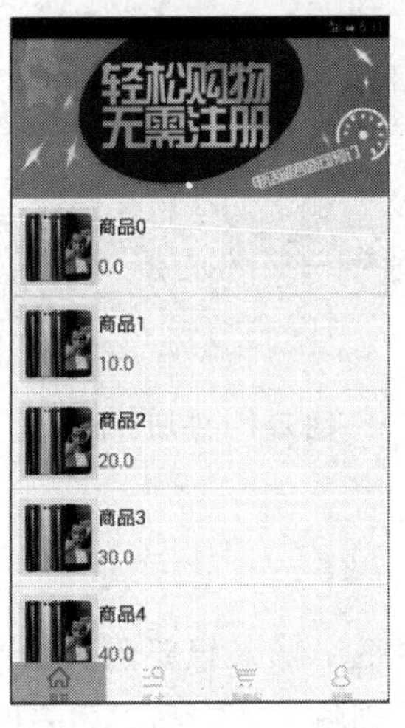

图2-2　程序主界面

2.2.2　登录功能

注册用户在该界面输入用户名和密码即可完成登录。登录用户能够将商品添加到购物车或者查看订单,而非登录用户只能浏览商品,不能购买。登录界面如图 2-3 所示。

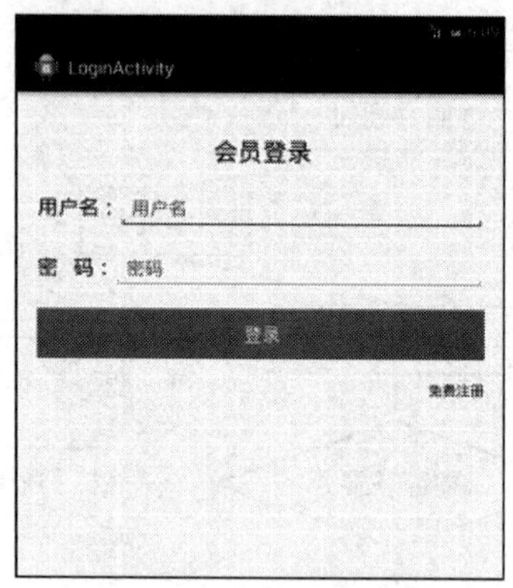

图 2-3　登录界面

2.2.3　注册功能

非系统用户要通过该软件购买商品则先要注册,在注册界面按照提示输入相关信息即可完成注册。注册界面如图 2-4 所示。

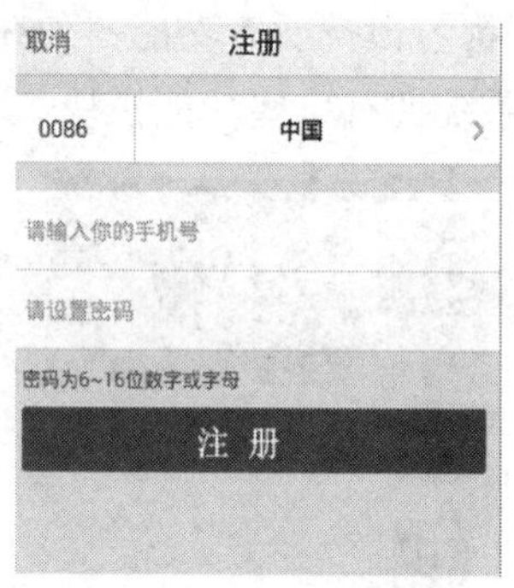

图 2-4　注册界面

2.2.4　商品搜索功能

用户可以在程序主界面搜索框中输入想要购买的产品名称,再点击搜索按钮来搜索商品。系统如果搜到相关产品则将相关产品以列表形式展示;如果没有搜到产品,则提示没有相关产品。

商品搜索界面如图 2-5 所示。

图2-5　商品搜索界面

2.2.5　购物车功能

登录用户可以将心仪商品添加到购物车。单击购物车按钮，可以查看购物车中的商品。购物车界面如图2-6所示。

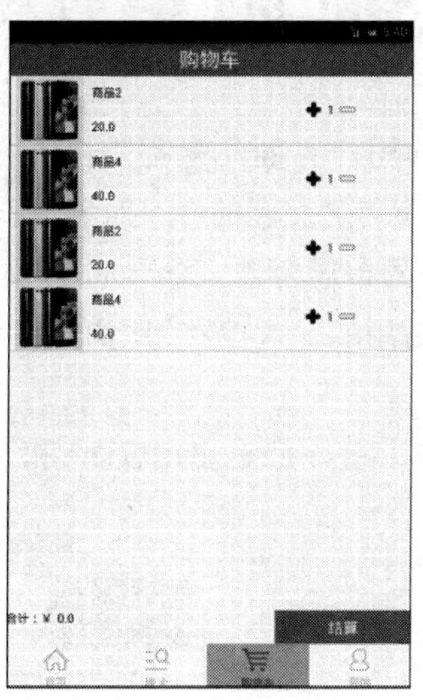

图2-6　购物车界面

2.2.6　个人中心

用户可在个人中心进行登录或注册、查看系统通知、设置系统和订单管理等操作。个人中心界面如图2-7所示。

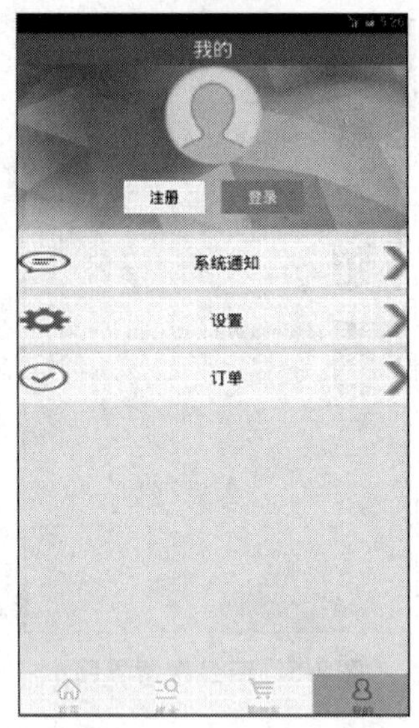

图 2-7　个人中心界面

2.3　Android UI 开发基础

在 Android APP 中,所有的用户界面元素都是由 View 和 ViewGroup 对象构成的。View 是绘制在屏幕上的、用户能与之交互的一个对象,而 ViewGroup 则是一个用于存放其他 View(和 ViewGroup)对象的布局容器。Android 提供了一个 View 和 ViewGroup 子类的集合,该集合提供了一些常用的输入控件(比如按钮和文本域)和各种各样的布局模式(比如线性或相对布局)。

APP 的用户界面上的每一个组件都是使用 View 和 ViewGroup 对象的层次结构来构成的,如图 2-8 所示。

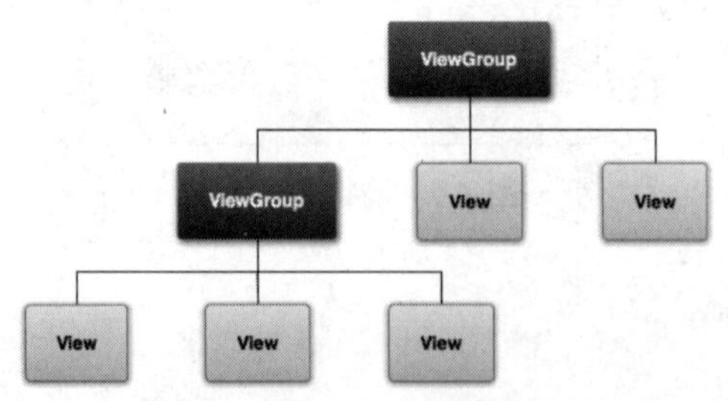

图 2-8　UI 布局的层次结构

Android 布局文件使用 XML 文件,一个 XML 元素的名称代表一个 View。例如,

< TextView >元素会在界面中创建一个 TextView 控件,而一个< LinearLayout >则会创建一个 LinearLayout 的容器。下面来创建一个简单的布局文件,该布局文件中有一个文本标签和一个按钮,代码如下所示:

```
<?xml version="1.0" encoding="utf-8"?><LinearLayout xmlns:android="http://schemas.android.com/apk/res/android"
      android:layout_width="fill_parent"
      android:layout_height="fill_parent"
      android:orientation="vertical" >
  <TextView android:id="@ +id/text"
      android:layout_width="wrap_content"
      android:layout_height="wrap_content"
      android:text="I am a TextView" />
  <Button android:id="@ +id/button"
      android:layout_width="wrap_content"
      android:layout_height="wrap_content"
      android:text="I am a Button" />
</LinearLayout>
```

在 Android 开发中,我们会经常接触到布局文件 Layout. xml。Layout 对于快速搭建界面和提高界面在不同分辨率屏幕上的适应性具有重要的作用。Android 开发有 6 种布局方式,分别是:RelativeLayout(相对布局)、LinearLayout(线性布局)、TableLayout(表格布局)、GridLayout(网格布局)、FrameLayout(帧布局)、AbsoulteLayout(绝对布局)。下面对这 6 种布局方式一一介绍。

2.3.1　相对布局

在 Eclipse 中开发 Android 程序时,系统默认使用的就是相对布局。相对布局通常有两种形式,一种是相对于容器而言,另一种是相对于控件而言。为了能够准确确定布局中的控件,相对布局提供了很多属性,具体如表 2-1 所示。

表 2-1　相对布局中的属性及功能

属　性	功能描述
android:layout_alignParentLeft	是否跟父布局左对齐
android:layout_alignParentRight	是否跟父布局右对齐
android:layout_alignParentTop	是否跟父布局顶部对齐
android:layout_alignParentBottom	是否跟父布局底部对齐

续表

属　性	功能描述
android:layout_toRightOf	在指定控件的右边
android:layout_toLeftOf	在指定控件的左边
android:layout_above	在指定控件的上边
android:layout_below	在指定控件的下边
android:layout_alignBaseline	与指定控件水平对齐
android:layout_alignLeft	与指定控件左对齐
android:layout_alignRight	与指定控件右对齐
android:layout_alignTop	与指定控件顶部对齐
android:layout_alignBottom	与指定控件底部对齐

下面通过一个实例来演示这些属性的使用。我们在该布局文件中添加两个按钮 Button1 和 Button2,通过表中属性来控制按钮的位置,效果如图 2-9 所示,代码如下:

```
<RelativeLayout xmlns:android="http://schemas.android.com/apk/res/android"
  xmlns:tools="http://schemas.android.com/tools"
  android:layout_width="match_parent"
  android:layout_height="match_parent"
  tools:context=".MainActivity" >
  <Button
    android:id="@ +id/button1"
    android:layout_width="wrap_content"
    android:layout_height="wrap_content"
    android:layout_alignParentTop="true"
    android:layout_marginTop="260dp"
    android:text="Button1"/>
  <Button
    android:id="@ +id/button2"
    android:layout_width="wrap_content"
    android:layout_height="wrap_content"
    android:layout_alignBottom="@ id/button1"
    android:layout_toRightOf="@ id/button1"
    android:text="Button2" />
</RelativeLayout>
```

在上述代码中，Button1 通过属性 android:layout_alignParentTop="true" 指定了它位于父布局的顶部，属性 android:layout_marginTop="260dp" 指定了它距父布局的顶部 260dp 的距离。

Button2 通过属性 android: layout_alignBottom="@ id/button1" 指定它与 Button1 底部对齐，属性 android: layout_toRightOf="@ id/button1" 指定它位于 Button1 的右侧。

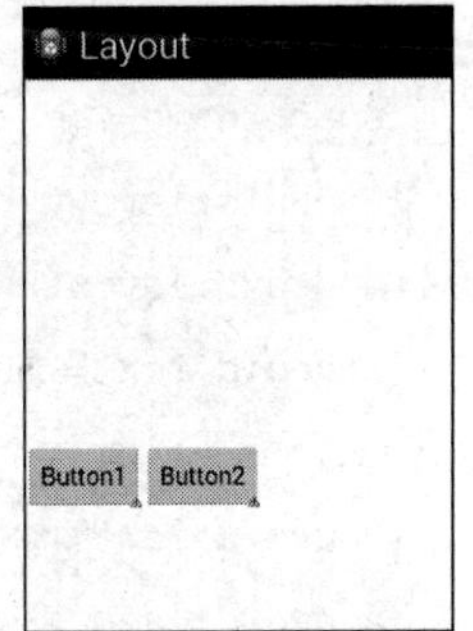

图 2-9　相对布局

2.3.2　线性布局

线性布局是 Android 中常用的布局方式之一，它使用 LinearLayout 标签。线性布局主要有两种形式，一种是水平线性布局，另一种是垂直线性布局，如图 2-10、图 2-11 所示。

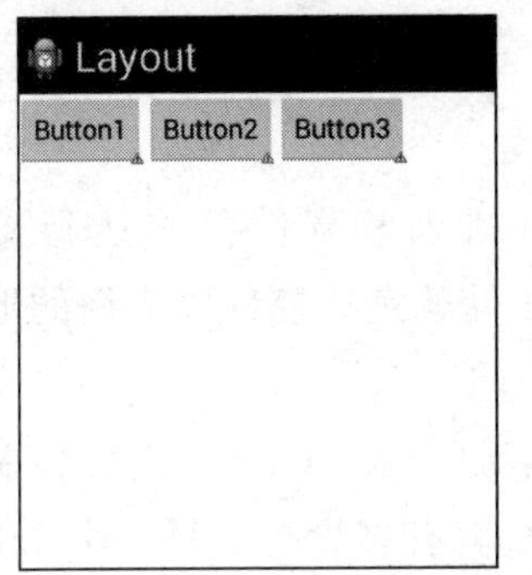

图 2-10　水平线性布局

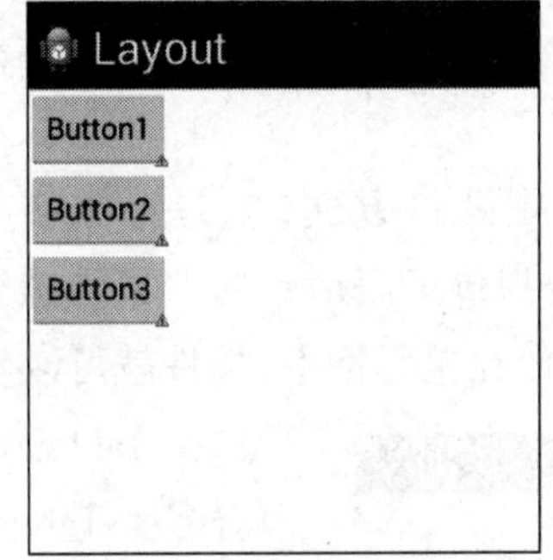

图 2-11　垂直线性布局

Android 创建工程时默认使用相对布局，如果要使用线性布局，就需要改变项目的布局方式。此时，可以直接在布局文件中将 RelativeLayout 标签修改为 LinearLayout。如果要在项目中添加一个线性布局，可以右击 Layout 文件夹，依次选择“New”→“Android XML File”，然后指定布局类型为线性布局即可。具体代码如下：

```
<LinearLayout xmlns:android="http://schemas.android.com/apk/res/android"
  xmlns:tools="http://schemas.android.com/tools"
  android:layout_width="match_parent"
  android:layout_height="match_parent"
  android:orientation="vertical">
  <Button
    android:id="@ +id/button1"
    android:layout_width="wrap_content"
    android:layout_height="wrap_content"
    android:text="Button1"/>
```

```
  <Button
    android:id="@ +id/button2"
    android:layout_width="wrap_content"
    android:layout_height="wrap_content"
    android:text="Button2" />
  <Button
    android:id="@ +id/button3"
    android:layout_width="wrap_content"
    android:layout_height="wrap_content"
    android:text="Button3" />
</LinearLayout>
```

2.3.3 表格布局

线性布局虽然方便,但是如果要实现控件排列整齐就很难达到要求。为此,Android 系统提供了表格布局。顾名思义,表格布局就是让控件以表格的形式来排列,只要将控件放在单元格中,控件就可以整齐地排列。

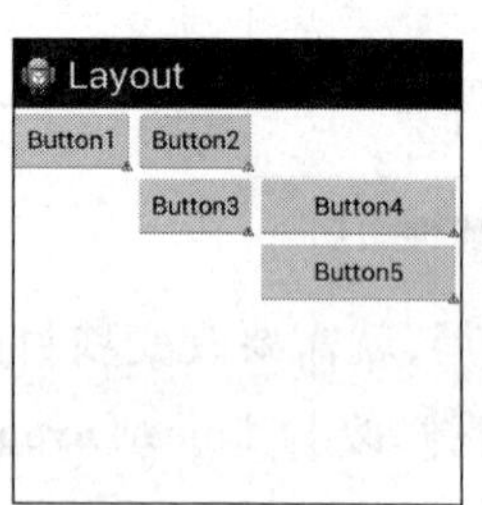

图 2-12 表格布局

在 Tablelayout 中,行数是由 TableRow 对象控制的,即布局中有多少 TableRow 对象,就有多少行。每一个 TableRow 可以放置多个控件。列数由最宽的单元格决定,假如第一个 TableRow 有两个控件,第二个 TableRow 有三个控件,那么这个 TableLayout 就有三列。在控件中通过 android:layout_column 属性指定具体的列数,该属性的值从“0”开始,表示第一列。下面就来看一个表格布局的示例,如图 2-12 所示,具体代码如下:

```
<?xml version="1.0" encoding="utf-8"?>
<TableLayout xmlns:android="http://schemas.android.com/apk/res/android"
  android:layout_width="match_parent"
  android:layout_height="match_parent"
  android:stretchColumns="2">
  <TableRow>
    <Button
      android:id="@ +id/button1"
      android:layout_width="wrap_content"
      android:layout_height="wrap_content"
```

```
    android:layout_column="0"
    android:text="Button1"/>
  <Button
    android:id="@ +id/button2"
    android:layout_width="wrap_content"
    android:layout_height="wrap_content"
    android:layout_column="1"
    android:text="Button2"/>
 </TableRow>
 <TableRow>
  <Button
    android:id="@ +id/button3"
    android:layout_width="wrap_content"
    android:layout_height="wrap_content"
    android:layout_column="1"
    android:text="Button3"/>
  <Button
    android:id="@ +id/button4"
    android:layout_width="wrap_content"
    android:layout_height="wrap_content"
    android:layout_column="1"
    android:text="Button4"/>
 </TableRow>
 <TableRow>
  <Button
    android:id="@ +id/button5"
    android:layout_width="wrap_content"
    android:layout_height="wrap_content"
    android:layout_column="2"
    android:text="Button5"/>
 </TableRow>
</TableLayout>
```

上述代码中,android:stretchColumns="2"属性表示第三列拉伸,android:layout_column="0"属性表示该控件显示在第一列中。由于 Button3 和 Button4 位于同一行,并且是同一列,因此 Button4 自动后移一列。

需要注意的是,TableRow 不需要设置宽度和高度,其宽度一定是 match_parent,即

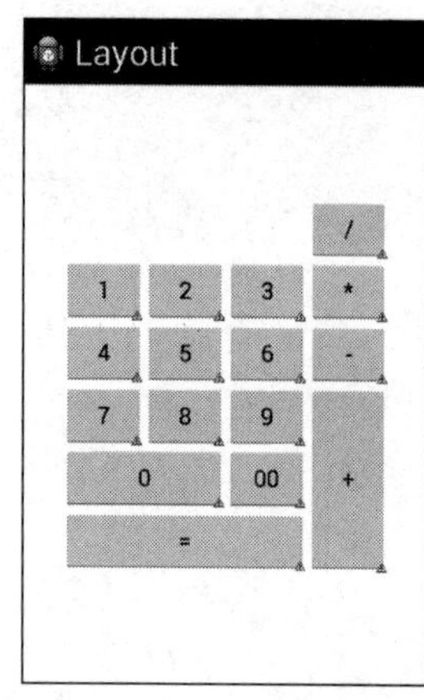

图 2-13　网格布局

自动填充父容器，高度一定为 wrap_content，即根据内容改变高度。但对于 TableRow 中的其他控件来说，是可以设置宽度和高度的，但必须是 wrap_content 或者 fill_parent。

2.3.4　网格布局

网格布局是 Android 4.0 新增的布局，它实现了控件的交错显示，能够避免因布局嵌套对设备性能的影响，更利于自由布局的开发。网格布局用一组无限细的直线将绘图区域分成行、列和单元，并指定控件的显示区域和控件在该区域的显示方式，具体如图 2-13 所示。

网格布局代码如下所示：

```
<?xml version="1.0" encoding="utf-8"?>
<GridLayout xmlns:android="http://schemas.android.com/apk/res/android"
  android:layout_width="wrap_content"
  android:layout_height="wrap_content"
  android:columnCount="4"
  android:layout_gravity="center"
  android:orientation="horizontal" >
  <Button
    android:layout_column="3"
    android:text="/"/>
  <Button android:text="1"/>
  <Button android:text="2"/>
  <Button android:text="3"/>
  <Button android:text="* "/>
  <Button android:text="4"/>
  <Button android:text="5"/>
  <Button android:text="6"/>
  <Button android:text="-"/>
  <Button android:text="7"/>
  <Button android:text="8"/>
  <Button android:text="9"/>
  <Button
    android:layout_gravity="fill"
    android:layout_rowSpan="3"
    android:text="+"/>
```

```
  <Button
    android:layout_columnSpan="2"
    android:layout_gravity="fill"
    android:text="0"/>
  <Button android:text="00"/>
  <Button
    android:layout_columnSpan="3"
    android:layout_gravity="fill"
    android:text="="/>
</GridLayout>
```

上述代码中，android:layout_column="3"表示该控件在第 4 列，android:layout_rowSpan="3"表示该控件占 3 行，android:layout_columnSpan="3"表示该控件占 3 列。

注意：

由于 GridLayout 是 Android 4.0 之后有的功能，如果要在项目中使用这种布局，需要把 SDK 的最低版本指定为 Android 4.0(API14)以上。

2.3.5　帧布局

帧布局是 Android 布局中最简单的一种。帧布局为每个加入其中的控件创建一个空白的区域(称一帧，每个控件占据一帧)。采用帧布局方式设计界面时，只能在屏幕左上角显示一个控件，如果添加了多个控件则系统会按照添加顺序在屏幕的左上角重叠显示各控件，且会透明显示之前控件的文本，如图 2-14 所示，具体代码如下：

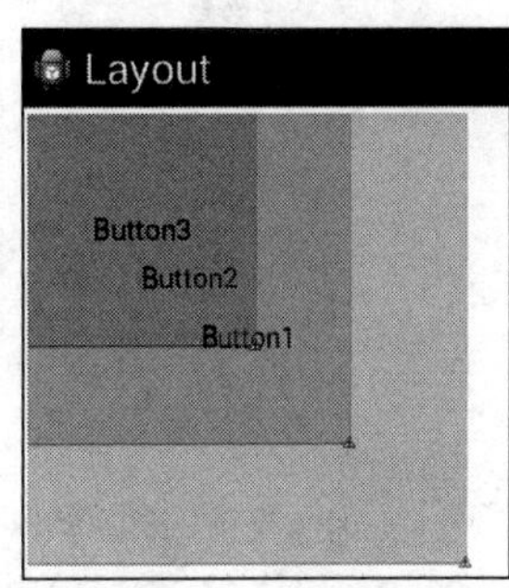

图 2-14　帧布局


```
<?xml version="1.0" encoding="utf-8"?>
<FrameLayout xmlns:android="http://schemas.android.com/apk/res/android"
  android:layout_width="match_parent"
  android:layout_height="match_parent" >
  <Button
    android:id="@ +id/button1"
    android:layout_width="294dp"
    android:layout_height="294dp"
    android:text="button1"/>
  <Button
    android:id="@ +id/button2"
```

```
    android:layout_width="218dp"
    android:layout_height="218dp"
    android:text="button2"/>
  <Button
    android:id="@ +id/button3"
    android:layout_width="156dp"
    android:layout_height="156dp"
    android:text="button3"/>
</FrameLayout>
```

2.3.6 绝对布局

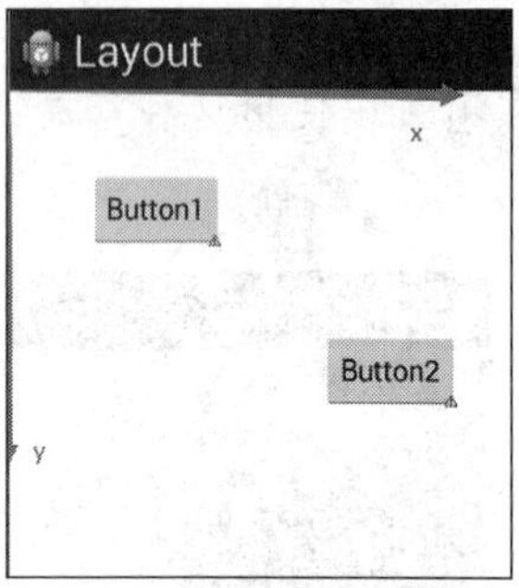

Layout

x

Button1

Button2

y

图 2-15 绝对布局

绝对布局需要指定 x、y 坐标来控制每一个控件的位置，放入该布局的控件需要通过 android：layout_x 和 android：layout_y 两个属性为其指定坐标值，并显示在屏幕上，具体如图 2-15 所示。

在该示例中，控件是以屏幕左上角为坐标原点，将 Button1 的坐标值设置为(50,50)，Button2 的坐标值设置为(200,150)，根据这个坐标精确定位控件在屏幕中的位置。具体代码如下所示：

```
<?xml version="1.0" encoding="utf-8"?>
<AbsoluteLayout xmlns:android="http://schemas.android.com/apk/res/android"
  android:layout_width="match_parent"
  android:layout_height="match_parent" >
  <Button
    android:id="@ +id/button1"
    android:layout_width="wrap_content"
    android:layout_height="wrap_content"
    android:layout_x="50dp"
    android:layout_y="50dp"
    android:text="button1"/>
  <Button
    android:id="@ +id/button2"
    android:layout_width="wrap_content"
    android:layout_height="wrap_content"
```

```
    android:layout_x="200dp"
    android:layout_y="150dp"
    android:text="button2"/>
</AbsoluteLayout>
```

需要注意的是,理论上绝对布局可以完成任何布局设计,但是实际工程中不提倡使用这种布局。因为使用这种布局不但需要精确计算每个组件的大小,而且应用程序运行在不同屏幕的手机上产生的效果也不相同,因此,一般不推荐使用绝对布局。

2.4 样式和主题

Android 系统包含了很多定义好的样式和主题,下面针对样式和主题进行详细讲解。

- 样式:Android 中的样式和 css 样式作用相似,都是作为界面元素来定义显示风格,它是一个包含一个或多个 View 控件属性的集合。样式只能作用于单个 View,如 EditText、TextView。使用样式可以指定多个控件具有的重复属性,避免书写大量重复代码。
- 主题:主题也是包含一个或者多个 View 控件属性的集合,但它的作用范围不同。主题是通过 AndroidManifest.xml 中的<application>和<activity>节点用在整个应用或者某个 Activity,它的影响是全局性的。如果一个应用中使用了主题,同时应用下的 View 也使用了样式,那么当主题和样式中的属性发生冲突时,样式的优先级高于主题。

在 Android 系统中,自带主题和样式都可以直接拿来用,设置样式只需要通过代码 style="? android:att/..."即可,设置主题只需通过代码 android:theme="android:style/..."即可。接下来以"android:theme="@android:style/Theme.Dialog""主题为例,向大家展示如何应用系统中的主题。

主题是在 AndroidManifest.xml 文件中设置的,具体代码如下所示:

```
<application
    android:allowBackup="true"
    android:icon="@drawable/ic_launcher"
    android:label="@string/app_name"
    android:theme="@style/AppTheme" >
```

```
  <activity
    android:name="com.example.thempro.MainActivity"
    android:theme="@ android:style/Theme.Dialog"
    android:label="@ string/app_name" >
    <intent-filter>
      <action android:name="android.intent.action.MAIN" />
      <category android:name="android.intent.category.LAUNCHER" />
    </intent-filter>
  </activity>
</application>
```

运行效果如图 2-16 所示,可以看出程序窗口已经变成了 Dialog 窗口,该主题使用的就是 Theme. Dialog。

图 2-16　Theme. Dialog 主题

尽管 Android 系统提供了很多样式和主题,但是有时候这些效果并不能实现特殊的效果或者风格,此时就应该使用自定义样式和主题。自定义样式和主题的步骤如下:

①在 res/values 目录下默认有一个 styles. xml 样式文件,也可以自己创建一个。

②在<resources>节点中添加一个<style>节点,并在该节点中为样式或主题定义一个唯一的名字,也可以选择增加一个父类属性,表示当前风格继承父类的风格。

③在<style>节点中声明一个或者多个<item>,每个<item>节点需要定义一个属性名,并在元素内部设置这个属性的值。

为方便初学者掌握,接下来通过一个案例来演示如何自定义样式和主题。

(1)创建样式和主题

创建一个 Android 应用程序,打开 res/values 目录下的 styles. xml 文件,添加如下代码:

```
<style name="TextStyle">
  <item name="android:layout_width">wrap_content</item>
  <item name="android:layout_height">wrap_content</item>
  <item name="android:textSize">30sp</item>
  <item name="android:textColor">#990033</item>
</style>
<style name="MyTheme">
```

```
    <item name="android:background">#D9D9D9</item>
  </style>
```

该代码首先定义了一个名为“TextStyle"的样式,在该样式中设置了控件的宽度和高度,字体大小为 30sp,字体颜色为红色。<style name="MyTheme">节点用于设置 Activity 背景为灰色。

(2)使用样式和主题

在 activity_main. xml 的<TextView>控件中,我们通过 style="@ style/TextStyle" 引入定义好的样式,具体代码如下:

```
<TextView
  style="@ style/TextStyle"
  android:layout_centerInParent="true"
  android:text="@ string/hello_world" />
```

在 AndroidManifest. xml 的<activity>节点中,我们引入已定义好的主题,具体代码如下:

```
<activity
  android:name="com.example.thempro.MainActivity"
  android:theme="@ style/MyTheme"
  android:label="@ string/app_name" >
  <intent-filter>
  <action android:name="android.intent.action.MAIN" />
    <category android:name="android.intent.category.LAUNCHER" />
  </intent-filter>
</activity>
```


上述代码,将自定义好的主题和样式运用于当前 Activity 之中,然后运行此程序,结果如图 2-17 所示。

图 2-17　自定义样式和主题

【小结】

本项目主要介绍 Android 界面开发基础,即 6 种布局类型及主题、样式。

项目 3

欢迎界面实现

【学习目标】

- 掌握 Activity 的创建方法
- 了解 Activity 的生命周期
- 了解 Android 系统中常见的事件
- 掌握 Intent 的使用方法
- 掌握使用 Intent 在不同的 Activity 之间传递数据的方法

在每个应用程序中,欢迎界面都是必不可少的,它的主要作用是展示产品 Logo、检查程序完整性、检查程序的版本更新、加载广告页、做一些初始化的操作等。考虑到很多学生没有服务器端开发经验,因此本书中的商城系统不涉及服务器端开发。商城所用到的所有数据均保存到 Android 自带的 sqlite 数据库中。在加载欢迎界面的同时,系统对商城用到的商品信息进行初始化操作,商品信息保存在数组中。下面我们首先看一下界面是如何开发的。

3.1 Activity 入门

Activity 是 Android 应用程序的四大组件之一,它负责管理 Android 应用程序的用户界面。一个应用程序一般包含若干个 Activity,每一个 Activity 组件负责一个用户界面的展示。同时,Activity 通过调用 setContentView( )方法来显示指定组件。需要注意的是,setContentView( )方法既可以接收 View 对象为参数,也可以接收布局文件对应的资源 id 为参数。

在应用程序中,Activity 就像一个界面管理员,用户在界面上的操作是通过 Activity 来管理的。下面列举几个 Activity 的常用事件,具体如下:

onKeyDown(int keyCode, KeyEvent event):对应按键按下事件。

onKeyUp(int keyCode, KeyEvent event) :对应按键松开事件。

onTouchEvent(MotionEvent event) :对应点击屏幕事件。

当用户在手机界面上点击按键时,就会触发 Activity 中对应事件 onKeyDown( )来响应用户的操作。下面通过应用程序 ActivityBasic 演示上述三个事件的使用。首先,需要在 MainActivity 中重写相应的方法,具体代码如下所示:

```
public class MainActivity extends activity {
  protected void onCreate(Bundle savedInstanceState){
    super.onCreate(saveInstanceState);
    setContentView(R.layout.activity_main);
  }
  //按键按下事件
  public boolean onKeyDown(int keyCode, KeyEvent event){
    Toast.makeText(this,"按键按下",0).show();
    return super.onKeyDown(keyCode, event);
  }
  //按键松开事件
  public boolean onKeyUp(int keyCode, KeyEvent event){
    Toast.makeText(this,"按键松开",0).show();
    return super.onKeyUp(keyCode, event);
  }
  //相应屏幕触摸事件
  public boolean onTouchEvent(MotionEvent event){
    float x = event.getX();     //获取触摸点的 X 坐标
    float y= event.getY();      //获取触摸点的 Y 坐标
    Toast.makeText(this,"点击坐标为("+x+":"+y+")",0).show();
    return super.onTouchEvent(event);
  }
}
```


运行 ActivityBasic 程序,并进行相应的操作,能看到屏幕中显示的效果如图 3-1 所示。

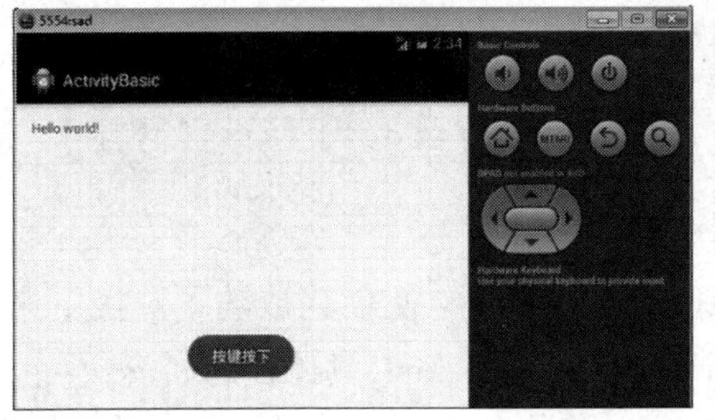

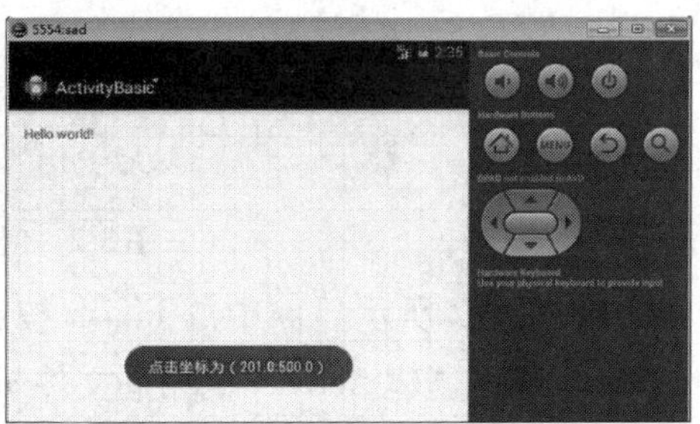

图 3-1　Activity 常用事件

3.2 Activity 的创建

在 Android 应用中,我们可以创建一个或多个 Activity。创建 Activity 步骤如下:

①定义一个类继承自 Android. app. Activity 或者其子类。

②在 res/layout 目录中创建一个 xml 文件,用于创建 Activity 的布局。

③在 AndroidManifest. xml 文件中注册 Activity。

④重写 Activity 的 onCreate( )方法,并在该方法中使用 setContentView( )加载指定的布局文件。

为了便于初学者掌握 Activity 的创建,接下来在 ActivityBasic 程序中添加一个 Activity,名称为 ActivityExample。右击包名,依次选择"New"→"Class",系统弹出"New Java Class"窗口,然后在该窗口的"name"文件框中输入名称,并设置 Superclass 为 android. app. Activity,如图 3-2 所示。

图 3-2 创建 Activity

单击如图 3-2 所示界面中的 Finish 按钮,此时 Activity 便创建成功了。接下来在 res/layout 目录下创建 Activity 的布局文件 activity_example. xml,具体代码如下:

```
<?xml version="1.0" encoding="utf-8"?>
<Relativelayout xmlns:android="http://schemas.android.com/apk/res/android"
  android:layout_width="match_parent"
  android:layout_height="match_parent">
    <TextView
      android:layout_width="wrap_content"
      android:layout_height="wrap_content"
      android:layout_centerHorizontal="true"
      android:layout_centerVertical="true"
      android:textSize="25dp"
      android:textColor="#005522"
      android:text="我是新创建的 Activity"/>
</RelativeLayout>
```

上述布局文件采用了相对布局的方式,添加了一个 TextView 控件用于展示信息。接下来在 AndroidManifest.xml 文件中对 ActivityExamplc 进行注册,具体代码如下:

```
<activity
  android:name="cn.itcast.activitybasic.ActivityExample"
  android:label="ActivityExample">
  <intent-filter>
    <action android:name="android.intent.action.MAIN" />
    <category android:name="android.intent.category.LAUNCHER"/>
  </intent-filter>
</activity>
```

要把 ActivityExample 设置为应用程序默认启动的界面,需要在<activity>节点中配置<intent-filter>节点。该节点中的<action android:name="android.intent.MAIN" />表示当前 Activity 设置为程序最先启动的 Activity。<category android:name="android.intent.category.LAUNCHER"/>表示让当前 Activity 在桌面上创建图标。

最后,在 ActivityExample 中,重写 onCreate 方法,并设置要加载的布局文件,具体代码如下所示:

```
public class ActivityExample extends Activity{
  protected void onCreate(Bundle savedInstanceState){
    super.onCreate(savedInstanceState);
    setContentView(R.layout.activity_example);
  }
}
```

运行程序，能看到如图 3-3 所示的结果。

图 3-3　**新建** activity

从图 3-3 可以看出，应用一启动就显示 ActivityExample 界面，说明 ActivityExample 在清单文件中配置生效并创建成功。

3.3　Activity 生命周期

这里的生命周期，是指一个对象从创建到销毁的过程，每一个对象都有自己的生命周期。同样，Activity 也有相应的生命周期。Activity 的生命周期分为三种状态，分别是运行状态、暂停状态和停止状态。接下来将针对 Activity 生命周期的三种状态进行详细讲解。

(1)运行状态

当 Activity 在屏幕最前端时，它是可见的、有焦点的，可以用来处理用户常见操作，如单击、双击、长按事件等，这种状态称为运行状态。

(2)暂停状态

在某些情况下，Activity 对用户来说仍然是可见的，但它不再拥有焦点，即用户对它的操作是没有实际意义的。例如，当最上面的 Activity 没有完全覆盖屏幕或者是透明的，被覆盖的 Activity 对用户仍然是可见的，并且存活（它保留着所有的状态和成员信息并保持与 Activity 管理器的联系）。但当内存不足时，这个暂停的 Activity 可能被销毁。

(3)停止状态

当 Activity 完全不可见时，它就处于停止状态，但仍然保留着当前状态和成员信息。然而这些对用户来说都是不可见的，如果当系统内存不足时，这个 Activivty 很容易被销毁。

值得一提的是，当 Activity 处于运行状态时，Android 会尽可能保持它的运行，即使出现内存不足的情况，Android 也会销毁栈底部的 Activity，来确保可见的 Activity 正常运行。

Activity 从一种状态转到另一种状态会触发一些事件,具体方法如下:

onCreate(Bundle savedInstanceState):创建时执行。

onStart():可见时执行。

onRestart():回到前台,再次可见时执行。

Onresume():获取焦点时执行。

onPause():失去焦点时执行。

onStop():用户不可见进入后台时执行。

onDestroy():销毁时执行。

为了让初学者更好地理解 Activity 的三种状态以及处于不同状态时使用的方法,Google 公司专门提供了一个 Activity 生命周期模型的图例,具体如图 3-4 所示。

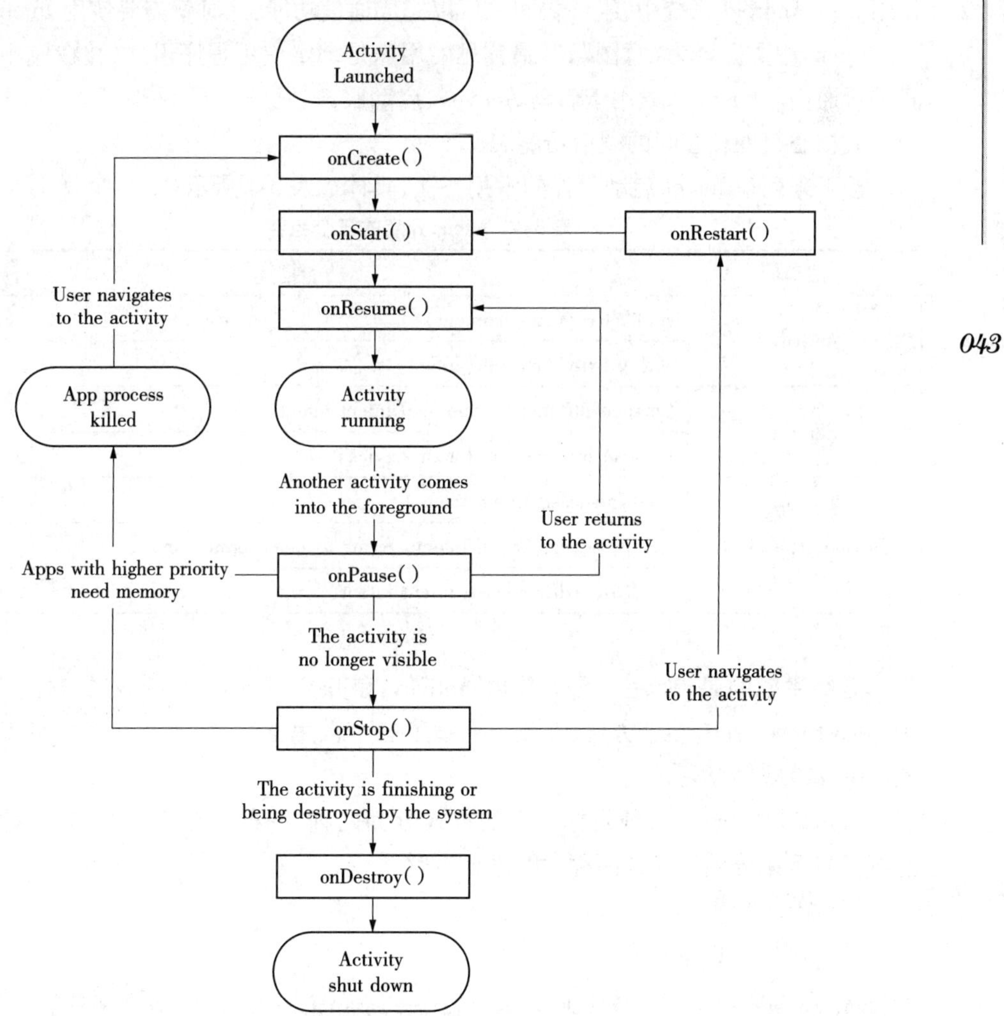

图 3-4　Activity 生命周期

从图 3-4 可以看出，当 Activity 从启动到关闭时，会依次执行 onCreate( )→onStart( )→onRestart( )→onPause( )→onStop( )→onDestroy( )方法。当 Activity 执行到 onPause( )方法失去焦点时，重新调用回到前台会执行 onRestart( )方法。当执行到 onStop( )方法 Activity 不可见时，再次回到前台会执行 onRestart( )方法和 onStart( )方法。如果进程被销毁，Activity 会重新执行 onCreate( )方法。

3.4 在 Activity 中使用 Intent

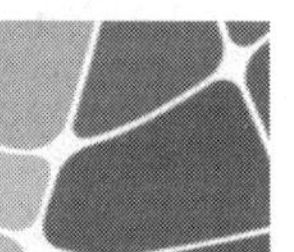

通信技术不发达时，人们通过信件的方式互相通信，其中邮递员起到了传递信息的作用。在 Android 系统中，组件之间也可以完成通信功能，此时就需要使用 Intent。

Intent 中文翻译为“意图”，其最常见的用途是绑定应用程序组件，并在应用程序之间进行通信。Intent 一般用于启动 Activity、启动服务、发送广播，承担了 Android 应用程序三大核心组件相互间的通信功能。

接下来列举 Intent 启动组件的常用方法，具体如表 3-1 所示。

表 3-1　Intent 开启的三个组件

方法声明	功能描述
Activity	startActivity(Intent intent)
	startActivityForResult(Intent)
Service	ComponentName startService(Intent intent)
	Boolean bindService(Intent service)
BroadcastReceiver	sendBroadcast(Intent intent)
	sendBroadcast(Intent intent, String receiverPermission)
	sendOrderedBroadcast(Intent intent, String receiverPermission)

需要注意的是，使用 Intent 开启 Activity 和开启 Service 只有两个方法，而开启 BroadcastReceiver 有多个方法，在此只列举了三个常用方法，初学者感兴趣可以自己查阅相关 API 进行学习。

Android 中 Intent 寻找目标组件的方式分为两种，一种是显式意图，另一种是隐式意图。接下来分别针对这两种意图进行讲解。

(1)显式意图

其示例代码具体如下：

```
Intent intent = new Intent(this, Activity.class);     //创建 Intent 对象
startActivity(intent);                                //开启 Activity 对象
```

上述示例代码通过 Intent 的构造方法来创造 Intent 对象,构造方法接受两个参数,第一个参数 Context 要求提供一个启动 Activity 的上下文,第二个参数 Class 则是指定要启动的目标 Activity,通过构造方法就可以构建出 Intent 对象。

除了通过指定类名开启组件外,显式意图还可以根据目标组件的包名、全路径名来指定开启组件,代码如下所示:

```
intent.setClassName("cn.example.xxx", "cn.example.xxx.xxx");
startActivity(intent);
```

在上述实例代码中,通过 setClassName(包名,类名路径)函数指定要开启组件的包名和全路径名来启动另一个组件。

Activity 类中提供了一个 startActivity(Intent intent)方法,该方法专门用于开启 Activity,它接受一个 Intent 参数,这里将构建好的 Intent 传入该方法即可启动 Activity。

使用这种方法开启的 Activity,"意图"非常明显,因此称之为显式意图。

(2)隐式意图

没有明确指定组件名的 Intent 称之为隐式意图。Android 系统会根据隐式意图中设置的动作(action)、类别(category)、数据(Uri 和数据类型)找到最合适的组件。具体代码如下所示:

```
<activity Android:name="com.itcast.intent.Activity">
<intent-filter>
  <!--设置 action 属性,需要在代码中根据所设置的 name 打开指定的组件-->
  <action android:name="cn.itscast.xxx" />
  <category android:name="android.intent.category.DEFAULT" />
<intent-filter>
</activity>
```


在上述代码中,<action>标签指明当前 Activity 可以响应的动作为"cn. itscast. xxx",而<category>标签则包含一些类别信息,只有当<action>和<category>中的内容同时匹配时,Activity 才会被开启。

使用隐式意图开启 Activity 的示例代码如下所示:

```
Intent intent=new Intent();
//设置动作和清单文件一样
intent.setActivity("cn.itscast.xxx");
startActivity(intent);
```

在上述代码中,Intent 指定了 setActivity("cn. itcast. xxx");这个动作,但是并没有指定 category,这是因为清单文件中配置的"android. intent. category. DEFAULT"是一种默认的 category。在调用 startActivity()方法时,系统会自动将这个 category 添加到

Intent 中。

在上述两种意图中，显式意图开启组件时必须要指定组件的名称，一般只在本应用进行程序切换组件时使用。而隐式意图的功能要比显式意图更加强大，不仅可以开启本应用的组件，还可以开启其他应用的组件，例如打开系统自带的照相机、浏览器。

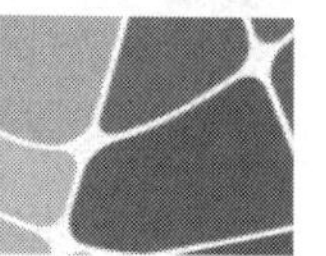

3.5 Activity 中的数据传递

Android 开发经常要在 Activity 之间传递数据。通过前面的讲解可知，Intent 可以用来开启 Activity，同样也可以用来在 Activity 之间传递数据。

使用 Intent 传递数据只需要调用 putExtra( )方法将要存储的数据存在 Intent 中。启动了另一个 Activity 后，再把这些数据从 Intent 中取出来即可。例如 Activity01 中存储了一个字符串，现在要将这个字符串传递到 Activity02 中，可以使用如下代码：

```
String data="Hello Activity02"
Intent intent=new Intent(this, Activity02.class);
intent.putExtra("extra_data", data);
startActivity(intent);
```


上述代码通过显式意图开启 Activity02，并通过 putExtra( )方法传递了一个字符串。data. putExtra( )方法中第一个参数接收的是 key，第二个参数接收的是 value。

如果想要在 Activity02 中取出传递过来的数据，可以使用如下代码：

```
Intent intent = getIntent();
String data = intent.getStringExtra("extra_data");
Log.i("Activity02", data);
```

上述这种数据传递方式是最简单的一种数据传递，还有一种方式是调用 putExtra ( )方法来传递数据，该方法传递的是 Bundle 对象。调用 putExtra( )方法传递数据可以使用如下代码：

```
Bundle bundle=new Bundle();
bundle.putString("name", "Linda");
bundle.putInt("age",20);
Intent intent=new Intent(this, Activity02.class);
intent.putExtras(bundle);
startActivity(intent);
```

如果想在 Activity02 中取出上述方式传递的数据，可以使用如下代码：

```
Intent intent=getIntent();
Bundle bundle=intent.getExtras();
String stuName=bundle.getString("name");
int stuAge=bundle.getString("age");
```

在上述代码中,在接收 Bundle 对象封装的数据时,需要先创建 Bundle 对象,然后再根据存入的 key 值取出 value。其实用 Intent 传递数据以及对象时,它的内部也调用了 Bundle 对象相应的 put( )方法,也就是说,Intent 内部是用 Bundle 来实现数据传递的。

3.6　欢迎界面的实现

(1)新建项目

在 eclipse 的“包资源管理器”视图下新建 android 项目,命名为“LeMall”,项目最低 sdk 版本选择 Android 4.0,将包名改为“com. lemall”,依次单击下一步,完成工程的创建。

除了创建 com. lemall 包,还需要创建 com. lemall. entity, com. lemall. adapter, com. lemall. util 包,Activity 代码存放在 com. lemall 包中,其他包将在后面章节中用到。整个项目的结构如图 3-5 所示。

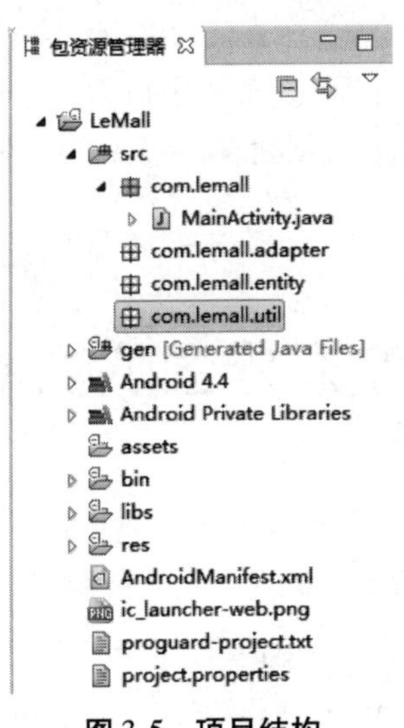

图 3-5　项目结构

(2)实现欢迎界面

选中包 com. lemall,右键选择“新建”→“其他”→“Android”→“Android Activity”,在弹出的对话框中输入 Activity 名称“WelcomeActivity”,布局文件名为“activity_welcome. xml”,完成欢迎界面创建。然后将欢迎界面的背景(launch_bg. png)导入到 drawable-hdpi 目录中。

布局文件 activity_welcome. xml 代码如下所示:

```
<RelativeLayout xmlns:android="http://schemas.android.com/apk/res/android"
  xmlns:tools="http://schemas.android.com/tools"
  android:layout_width="match_parent"
  android:layout_height="match_parent"
  android:background="@ drawable/welcome"
  tools:context=".WelcomeActivity" >
  <TextView
    android:layout_width="match_parent"
    android:layout_height="wrap_content"
    android:layout_alignParentBottom="true"
    android:layout_marginBottom="45dp"
    android:gravity="center"
    android:textSize="24sp"
    android:textColor="#ffffff"
    android:text="欢迎使用乐购商城" />
</RelativeLayout>
```


上述文件,使用的是相对布局,该布局中放置一个 TextView 控件,用于显示欢迎语,通过 android:background="@ drawable/welcome"来指定布局界面的背景图片。

3.7 欢迎界面的功能实现

创建好欢迎界面 UI 之后,接下来要在 WelcomeActivity 中完成商品列表信息的初始化,然后启动一个定时任务等待 3 500 毫秒后跳转到 MainActivity。具体代码如下:

```
public class WelcomeActivity extends Activity {
  private List<Product> proList;//商品列表
  @ Override
  protected void onCreate(Bundle savedInstanceState) {
```

```
    super.onCreate(savedInstanceState);
    //隐藏标题栏
    requestWindowFeature(Window.FEATURE_NO_TITLE);
    setContentView(R.layout.activity_welcome);
    //初始化数据
    initDB();
    new Handler().postDelayed(new Runnable() {
      @ Override
      public void run() {
        //实例化一个意图,并启动 MainActivity
        Intent intent = new Intent(WelcomeActivity.this, MainActivity.class);
        //将商品列表信息传递到下一个页面
        intent.putExtra("proList", (Serializable)proList);
        startActivity(intent);
        WelcomeActivity.this.finish();
      }
    },3500);
  }

  private void initDB(){
    //初始化数据代码
  }
}
```

上述代码声明了一个私有数组 proList,在该数组中保存商品信息;同时声明一个私有方法 initDB(),该方法具体完成数组的初始化。在开发 initDB()方法之前,我们首先创建第一个实体类 Product,该类封装了商品的属性。具体代码如下所示:

```
public class Product implements Serializable {

  private int id;                          //商品 id
  private String proName;                  //商品名称
  private double price;                    //商品价格
  private int count;                       //商品库存量
  private String detail;                   //商品描述
  private int imgId;                       //商品图片 id
```

```
  //set 和 get 方法
  ...
}
```

有了商品类之后就可以初始化数组了,具体代码如下所示:

```
private void initDB() {
    proList = new ArrayList<Product>();
    //模拟向商品列表中添加 5 个商品
    Product p = null;
    for(int i=0; i<5; i++){
      p = new Product();
      p.setId(i);
      p.setProName("商品"+i);
      p.setPrice(i* 10.0);
      p.setCount(i* 100);
      p.setDetail("这是第"+i+"个商品的描述");
      p.setImgId(R.drawable.product);
      proList.add(p);
    }
}
```


最后,为了让应用程序第一个页面为欢迎界面,需要在 AndroidManifest. xml 中将 WelcomeActivity 注册为启动界面,具体代码如下:

```
<activity
  android:name="com.example.lemall.WelcomeActivity"
  android:label="@ string/title_activity_welcome" >
    <intent-filter>
      <action android:name="android.intent.action.MAIN" />
      <category android:name="android.intent.category.LAUNCHER" />
    </intent-filter>
</activity>
```

该代码中的<action android:name="android. intent. action. MAIN" />表示将当前 Activity 设置为程序最先启动的 Activity。<category android:name="android. intent. category. LAUNCHER" />表示让当前 Activity 在桌面上创建图表。

项目开发完成后部署到模拟器上,效果如图 3-6 所示。

图 3-6　欢迎界面

【小结】

本项目主要讲解了 Activity 的相关知识，包括 Activity 入门、Activity 创建、Intent 的使用以及在 Activity 之间传递数据，并结合各个知识点编写了乐淘商城的欢迎界面来巩固知识点。由于凡是有界面的 Android 程序都会使用到 Activity，因此，要求初学者必须熟练掌握该组件的使用。

项目4
登录功能实现

【学习目标】

- 掌握基本控件文本框、文本编辑框、单选按钮、按钮的使用方法
- 掌握事件处理机制
- 掌握 SharedPerferences 的使用方法

大部分交易型网站都提供了与用户进行交互的界面,如用户登录与注册功能,以便于区分当前用户、潜在用户及非系统用户。

本项目涉及的基础知识有:线性布局(LinearLayout)、文本框(TextView)、编辑框(EditText)及按钮(Button)控件及轻量级数据存储类 SharedPerferences 的使用。

4.1 基础控件讲解

登录功能主要涉及文本框(TextView)、编辑框(EditText)及按钮(Button)控件等基础控件,这些控件在任何项目中都属于使用频率较高的控件。

(1)文本框

文本框(TextView)是静态显示文本标签的控件,不与用户进行交互。常用的 xml 属性如表 4-1 所示。

表 4-1　TextView 文本框常用的 xml 属性

TextView 常用属性	功能描述
android:text="用户名"	设置文本内容
android:textColor="#ff8c00"	设置字体颜色
android:textSize="20dp"	设置字体大小
android:textStyle="bold"	设置字体样式,如 bold、italic

续表

TextView 常用属性	功能描述
android:layout_gravity="center_vertical"	设置 TextView 控件在界面上显示的位置。默认为 top,这里设置居中显示
android:gravity="center_horizontal"	设置 TextView 上文字显示的位置。默认左对齐,这里设置居中显示
android:editable="true"	设置文本内容是否可以编辑
android:singleLine="false"	设置是否单行显示文本,一旦设置为 true,则文字不会自动换行,只能显示单行文本
android:maxLines="15"	设置文本内容最多不超过几行,这里设置 15 行
android:autoLink="all"	设置是否自动加入 URL 链接地址。单击网址时,跳向该网址链接页面,可选值有:none/web/email/phone/map/all

下面通过一个示例讲解 TextView 的使用,该示例的主要功能是:提供两种方式显示文本信息,第一种是普通方式显示文本内容,设置文本的背景色、字体颜色、字体大小等;第二种是提供超链接方式显示文本内容。代码运行结果如图 4-1 所示。

图 4-1　TextView 的使用

布局文件的代码具体如下:

```
<?xml version="1.0" encoding="utf-8"?>
<LinearLayout
xmlns:android="http://schemas.android.com/apk/res/android"
  android:layout_width="match_parent"
  android:layout_height="match_parent"
  android:orientation="vertical" >
  <TextView
    android:id="@ +id/textview1"
    android:layout_width="match_parent"
    android:layout_height="wrap_content"
    android:gravity="center"
    android:textColor="#ff0000"
```

```
    android:textSize="20sp"
    android:text="文本框的使用"/>
  <TextView
    android:id="@ +id/textview2"
    android:layout_width="match_parent"
    android:layout_height="wrap_content"
    android:autoLink="all"
    android:text="www.baidu.com"/>
</LinearLayout>
```

(2)文本编辑框

文本编辑框(EditText)与TextView非常相似,与TextView共用了绝大部分xml属性和方法。EditText与TextView的最大区别在于:EditText可以接受用户的输入。文本编辑框常用的xml属性如表4-2所示。

表4-2　文本编辑框常用的xml属性

EditText常用xml属性	功能说明
android:input="textPassword"	设置输入数据的类型。比如限制其只能为电话号码,密码(textPassword)
android:hint="默认提示文本"	设置提示的文本内容
android:selectAllOnFocus="true"	设置为true的EditText获得焦点后,选中的是所有文本
android:singleLine="true"	设置是否单行显示文本,与TextView用法相同

下面通过一个示例讲解EditText的使用,该示例包括两个EditText,分别用于输入用户名和密码,隐藏输入密码。代码运行结果如图4-2所示。

图4-2　EditText的使用

相对应的代码如下:

```
<?xml version="1.0" encoding="utf-8"?>
<LinearLayout xmlns:android="http://schemas.android.com/apk/res/android"
  android:layout_width="match_parent"
  android:layout_height="match_parent"
  android:orientation="vertical" >
```

```
  <EditText
    android:id="@ +id/username"
    android:layout_width="match_parent"
    android:layout_height="wrap_content"
    android:hint="用户名"/>
  <EditText
    android:id="@ +id/password"
    android:layout_width="match_parent"
    android:layout_height="wrap_content"
    android:inputType="textPassword"
    android:hint="密码"/>
</LinearLayout>
```

(3)按钮控件

按钮(Button)是 TextView 的子类,所以 TextView 上很多属性也可以应用到 Button 上。另外,Button 具备事件处理的功能,当用户单击某一按钮时,会触发相对应的事件,如单击、双击等事件。

下面通过一个示例讲解 Button 的用法。该示例有两个按钮,单击其中一个按钮会显示按钮名称。代码运行结果如图 4-3 所示。

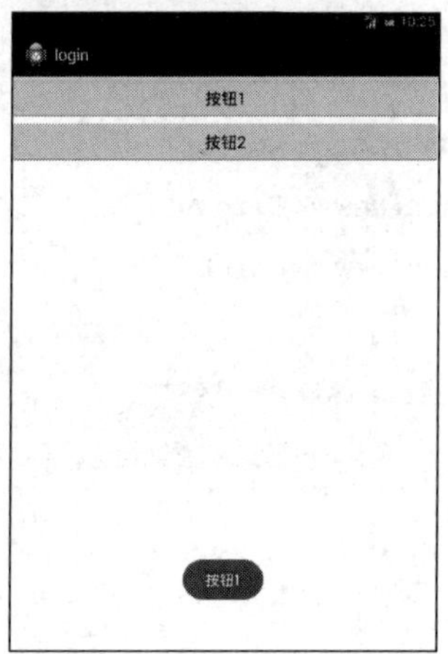

图 4-3　button 示例运行结果

布局文件代码如下:

```
<?xml version="1.0" encoding="utf-8"?>
<LinearLayout xmlns:android="http://schemas.android.com/apk/res/android"
  android:layout_width="match_parent"
  android:layout_height="match_parent"
```

```
    android:orientation="vertical" >
    <Button
      android:id="@ +id/button1"
      android:layout_width="match_parent"
      android:layout_height="wrap_content"
      android:text="按钮 1"/>
    <Button
      android:id="@ +id/button2"
      android:layout_width="match_parent"
      android:layout_height="wrap_content"
      android:text="按钮 2"/>
</LinearLayout>
```

创建好界面之后,需要在 Activity 中编写点击 Button 交互的代码,具体代码如下:

```
public class MainActivity extends Activity {
  private Button button1, button2;
  @ Override
  protected void onCreate(Bundle savedInstanceState) {
    super.onCreate(savedInstanceState);
    setContentView(R.layout.activity_second);
    button1= (Button) findViewById(R.id.button1);
    button2= (Button) findViewById(R.id.button2);
    button1.setOnClickListener(new MyClick());
    button2.setOnClickListener(new MyClick());
  }
  //自定义内部类,该类实现 OnClickListener 接口
  private class MyClick implements OnClickListener {
    @ Override
    public void onClick(View view) {
      switch (view.getId()) {
      case R.id.button1:
        Toast.makeText(MainActivity.this,
          button1.getText().toString(),
            Toast.LENGTH_LONG).show();
        break;
      case R.id.button2:
```

```
        Toast.makeText(MainActivity.this,
          button2.getText().toString(),
            Toast.LENGTH_LONG).show();
        break;
      }
    }
  }
}
```

4.2　Android 常用点击事件处理方式

Android 程序中,View 点击事件共有 4 种,除了上述讲解的使用内部类的方式之外,还有 3 种方式用于设置 View 的点击事件。这 4 种方式都会用到 OnClickListener 接口,只是形式不同而已。

OnClickListener 是监听 View 点击事件的接口,它定义了控件被点击时的回调方法 onClick( )。View 需要在 setOnClickListener(OnClickListener listener)方法的参数中传入 OnClickListener 接口监听 View 的点击事件。

下面针对这三种形式以及 OnClickListener 接口进行讲解。

(1)在布局文件中为按钮设置点击事件

这种方法需要我们在布局文件中为按钮添加一个 onClick 属性,当用户点击按钮时会自动触发 click(View view)方法。需要注意的是,布局文件中 onClick 的值与方法名一致,并且传入了 View 对象,系统才会认为该方法是控件的点击事件方法,具体代码如下:

```
<?xml version="1.0" encoding="utf-8"?>
<LinearLayout xmlns:android="http://schemas.android.com/apk/res/android"
  android:layout_width="match_parent"
  android:layout_height="match_parent"
  android:orientation="vertical" >
  <Button
    android:id="@+id/button1"
    android:layout_width="match_parent"
    android:layout_height="wrap_content"
```

```
    android:onClick="click"
    android:text="按钮1"/>
</LinearLayout>
```

MainActivity 的代码如下：

```
public class MainActivity extends Activity{
  @ Override
  protected void onCreate(Bundle savedInstanceState) {
    super.onCreate(savedInstanceState);
    setContentView(R.layout.activity_second);


      }
  public void click(View view){
    Log.i("msg", "响应按钮点击事件");
  }
}
```

(2)主类中实现 OnClickListener 接口

这种方法需要在主类中实现 OnClickListener 接口，然后重写 onClick( )方法，并通过 switch 语句判断是哪个按钮被点击，然后执行相应的操作，具体代码如下所示：


```
public class MainActivity extends Activity implements OnClickListener {
  private Button button1, button2;
  @ Override
  protected void onCreate(Bundle savedInstanceState) {
    super.onCreate(savedInstanceState);
    setContentView(R.layout.activity_second);
    button1= (Button) findViewById(R.id.button1);
    button2= (Button) findViewById(R.id.button2);
    //绑定点击事件
    button1.setOnClickListener(this);
    button2.setOnClickListener(this);
  }
  @ Override
  public void onClick(View view) {
    switch(view.getId()){
    case R.id.button1:
      Log.i("msg","响应第一个按钮点击事件!");
      break;
```

```
    case R.id.button2:
      Log.i("msg","响应第二个按钮点击事件!");
      break;
    }
  }
}
```

(3)匿名内部类

当按钮较少或者只有一个按钮时,就不需要再单独创建一个类来实现 OnClickListener 接口了,可以直接创建 OnClickListener 的匿名内部类并传入按钮的 setOnClickListener()参数,具体代码如下所示:

```
@ Override
  protected void onCreate(Bundle savedInstanceState) {
    super.onCreate(savedInstanceState);
    setContentView(R.layout.activity_second);
    button1 = (Button) findViewById(R.id.button1);
    button1.setOnClickListener(new OnClickListener() {
      @ Override
      public void onClick(View arg0) {
        Log.i("点击按钮事件!");
      }
    });
  }
```


4.3　SharedPerferences 的使用

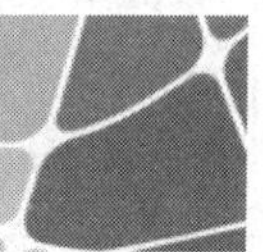

SharedPreferences 是 Android 平台上一个轻量级的存储类,主要用于存储一些应用程序的配置参数,例如用户名、密码、自定义参数的设置等。SharedPreferences 存储的数据是以 key/value 的形式保存在 XML 文件中,该文件位于 data/data/<packagename>/shared_prefs 文件中。需要注意的是,SharedPreferences 中的 value 值只能是 float、int、long、boolean、String、StringSet 类型数据。

使用 SharedPreferences 类存储数据时,首先需要通过 context. getSharedPreferences(String name, int mode)获取 SharedPreferences 的实例对象(在 Activity 中可以直接使用

this 代表上下文,如果不是在 Activity 中,则需要传入一个 Context 对象获取上下文),代码如下:

```
SharedPreferences sp = context.getSharedPreferences(String name, int mode);
```

上述代码中,name 表示文件名,mode 表示文件操作模式,该模式有多个值可供选择,具体如下:

MODE_PRIVATE:指定该 SharedPreferences 中的数据只能被本应用程序读写。

MODE_APPEND:该文件的内容可以追加。

MODE_WORLD_READABLE:指定该 SharedPreferences 中的数据可以被其他应用程序读。

MODE_WORLD_WRITEABLE:指定该 SharedPreferences 中的数据可以被其他应用程序写。

SharedPreferences 提供了一系列方法用于获取应用程序中的数据,具体如表 4-3 所示。

表 4-3　SharedPreferences 对象的相关方法

方法声明	功能描述
Boolean contains(String key)	判断 SharedPreferences 是否包含有特定 key 的数据
Abstract Map<String,? >getAll()	获取 SharedPreferences 中全部的 key/value 键值对
Boolean getBoolean(String key, boolean defValue)	获取 SharedPreferences 中指定的 key 对应的 boolean 值
Int getInt(String key, int defValue)	获取 SharedPreferences 中指定的 key 对应的 int 值
float getFloat(String key, float defValue)	获取 SharedPreferences 中指定的 key 对应的 float 值
long getLong(String key, int defValue)	获取 SharedPreferences 中指定的 key 对应的 long 值
String getString(String key, String defValue)	获取 SharedPreferences 中指定的 key 对应的 String 值
Set<String> getStringSet(String key, Set<String> value)	获取 SharedPreferences 中指定的 key 对应的 Set 值

需要注意的是,SharedPreferences 对象本身只能读取数据,并不支持数据的存储和修改。数据的存储和修改需要通过 SharedPreferences. Editor()对象实现。要想获取 Editor 实例对象,需要调用 SharedPreferences. Editor edit()方法。SharedPreferences.

Editor 对象的相关方法如表 4-4 所示。

表 4-4　SharedPreferences. Editor 对象的相关方法

方法声明	功能描述
edit( )	创建一个 Editor 对象
putString(String key, String value)	向 SharedPreferences 中存入指定 key 对应的 String 值
putString(String key, int value)	向 SharedPreferences 中存入指定 key 对应的 int 值
putString(String key, float value)	向 SharedPreferences 中存入指定 key 对应的 float 值
putString(String key, long value)	向 SharedPreferences 中存入指定 key 对应的 long 值
putStringSet(String key, Set<String> value)	向 SharedPreferences 中存入指定 key 对应的 Set 值
remove(String key)	删除 SharedPreferences 指定 key 所对应的数据
clear( )	清空 SharedPreferences 所有数据
commit( )	编辑结束后,调用该方法

表 4-3 和表 4-4 分别介绍了 SharedPreferences 对象和 SharedPreferences. Editor( )对象相关方法,接下来演示一下如何使用这些方法向 SharedPreferences 对象中存入数据以及取出数据。

使用 SharedPreferences 存储数据时,需要先获取 SharedPreferences 对象,通过该对象获取 Editor 对象,然后通过 Editor 对象的相关方法存储数据,具体代码如下:


```
SharedPreferences sp = getSharedPreferences("data", MODE_PRIVATE);
    Editor editor = sp.edit();
    editor.putString("name", "小明");    //存入 String 类型的数据
    editor.putInt("age",17);             //存入 int 类型的数据
    editor.commit();                     //提交修改
```

SharedPreferences 获取数据时比较简单,只需要创建 SharedPreferences 对象,然后使用该对象获取相对应的值即可,具体代码如下:

```
SharedPreferences sp = getSharedPreferences("data", MODE_PRIVATE);
String name = sp.getString("username", "");
```

SharedPreferences 删除数据与存储数据类似,同样需要先获取 Editor 对象,然后通过该对象删除数据,具体代码如下:

```
SharedPreferences sp = getSharedPreferences("data", MODE_PRIVATE);
Editor editor = sp.edit();
editor.remove("username");//删除一条数据
editor.commit();
```

4.4 登录界面的实现

首先在 com. lemall 包中创建登录界面 LoginActivity，对应的布局文件 activity_login. xml 代码如下所示：

```
<LinearLayout xmlns:android="http://schemas.android.com/apk/res/android"
  xmlns:tools="http://schemas.android.com/tools"
  android:layout_width="match_parent"
  android:layout_height="match_parent"
  android:orientation="vertical"
  android:padding="20dp"
  tools:context=".MainActivity" >
  <TextView
    android:layout_width="match_parent"
    android:layout_height="wrap_content"
    android:layout_marginTop="20dp"
    android:gravity="center"
    android:textSize="24sp"
    android:text="会员登录" />
  <LinearLayout
    android:layout_width="match_parent"
    android:layout_height="wrap_content"
    android:layout_marginTop="20dp"
    android:orientation="horizontal">
    <TextView
      android:layout_width="wrap_content"
      android:layout_height="wrap_content"
      android:textSize="20sp"
      android:text="用户名:"/>
    <EditText
      android:id="@ +id/et_username"
      android:layout_width="match_parent"
      android:layout_height="wrap_content"
```

```
    android:hint="用户名"/>
  </LinearLayout>
  <LinearLayout
    android:layout_width="match_parent"
    android:layout_height="wrap_content"
    android:layout_marginTop="20dp"
    android:orientation="horizontal">
    <TextView
      android:layout_width="wrap_content"
      android:layout_height="wrap_content"
      android:textSize="20sp"
      android:text="密 码:"/>
    <EditText
      android:id="@ +id/et_password"
      android:layout_width="match_parent"
      android:layout_height="wrap_content"
      android:hint="密码"/>
  </LinearLayout>
  <Button
      android:id="@ +id/btn_login"
      android:layout_width="match_parent"
      android:layout_height="wrap_content"
      android:layout_marginTop="20dp"
      android:background="#FF3902"
      android:textColor="#fff"
      android:text="登录"/>
  <TextView
      android:id="@ +id/regist"
      android:layout_width="wrap_content"
      android:layout_height="wrap_content"
      android:layout_marginTop="20dp"
      android:layout_gravity="right"
      android:text="免费注册" />
</LinearLayout>
```

4.5 登录功能的实现

当用户打开登录界面,系统首先从 SharedPreferences 取出用户信息,如果以前登录过,则取出用户名和密码设置到文本编辑框中,否则设置为空。代码如下:

```
public class LoginActivity extends Activity {
  private EditText et_username, et_password; //用户名和密码输入控件
  private Button btn_login;                  //登录按钮
  private SharedPreferences sp;              //用户保存用户信息
  @ Override
  protected void onCreate(Bundle savedInstanceState) {
    super.onCreate(savedInstanceState);
    setContentView(R.layout.activity_login);
    //实例化控件
    et_username = (EditText) findViewById(R.id.et_username);
    et_password = (EditText) findViewById(R.id.et_password);
    btn_login = (Button) findViewById(R.id.btn_login);
    //获取一个 SharedPreferences 对象
    sp = getSharedPreferences("userinfo", MODE_PRIVATE);
    String username = sp.getString("username", "");//取出保存的用户名
    String password = sp.getString("password", "");//取出保存的密码
    //set Value
    et_username.setText(username);
    et_password.setText(password);
    //监听登录按钮
    btn_login.setOnClickListener(new OnClickListener() {
      @ Override
      public void onClick(View arg0) {
        //获取用户输入
        //...
        //验证用户信息
        //...
      }
    });
  }
}
```

用户单击登录按钮,系统首先获取用户输入的用户名和密码,然后对用户信息进行验证。因为没有服务器端提供用户信息,所以这里模拟用户验证(用户名为 jack,密码为 123456)。当用户信息输入正确,系统首先将用户信息保存到 SharedPreferences 中,然后跳转到 MainActivity 页面,否则提示用户输入信息有误。代码如下:

```
//监听登录按钮
btn_login.setOnClickListener(new OnClickListener() {
  @ Override
  public void onClick(View arg0) {
    //获取用户输入
    String name = et_username.getText().toString();
    String pwd = et_username.getText().toString();
    //验证用户信息
    if(name.equals("jack")&&pwd.equals("123456")){
      //保存用户信息
      Editor editor = sp.edit();
      editor.putString("username", name);
      editor.putString("password", pwd);
      editor.commit();
      //页面跳转
      Intent intent = new Intent(LoginActivity.this, MainActivity.class);
      startActivity(intent);
    }else{
      //提示用户输入信息有误
      Toast.makeText(getApplicationContext(), "用户名或密码错误,请重新输入!",
Toast.LENGTH_LONG).show();
    }
  }
});
```


运行程序,输入用户名 jack 和密码 123456,然后单击登录按钮,此时系统跳转到 MainActivity,如图 4-4 所示。

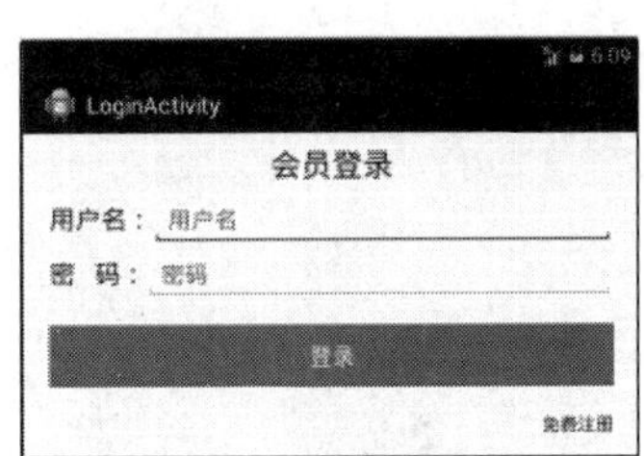

图 4-4　用户登录界面

此时,如果将程序退出,再次打开会发现用户名和密码显示在当前 EditText 中,说明用户信息已存储在 SharedPreferences 中。

【小结】

本项目主要讲解了 Android 开发中最常用的几个控件及点击事件的处理方法,然后讲解了 Android 轻量级数据存储类 SharedPreferences 的使用。事件处理是人机交互的最基本方式,因此要求初学者必须熟练掌握。

项目5
底部导航栏功能实现

【学习目标】

- 掌握 Fragment(碎片)的使用方法
- 了解 Fragment 的声明周期
- 掌握 Fragment 和 Activity 之间的通信
- 掌握基本控件 RadioButton 的使用方法

5.1 Fragment 简介

Fragment(碎片)是一种可以嵌入在活动当中的 UI 片段,它能够让程序更加合理和充分地利用大屏幕,因而在平板上的应用非常广泛。Android 是在 Android 3.0(API level 11)开始引入 Fragment 的。我们可以把 Fragment 想成 Activity 中的模块,这个模块有自己的布局,有自己的生命周期,单独处理自己的输入,在 Activity 运行时可以加载或者移除 Fragment 模块。

那么究竟要如何使用碎片才能充分地利用平板屏幕呢? 想象我们正在开发一个新闻应用,其中一个界面使用 ListView 展示了一组新闻的标题,当我们点击了其中一个标题,系统就打开另一个界面来显示新闻的详细内容。如果是在手机中设计,我们可以将新闻标题列表放在一个活动中,将新闻的详细内容放在另一个活动中,如图 5-1 所示。

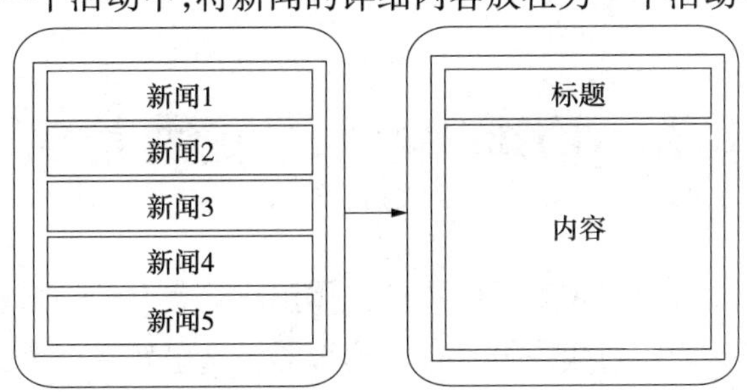

图 5-1 新闻标题列表设计举例一

可是如果在平板上也这么设计,那么新闻标题列表将会填满整个平板的屏幕,而新闻的标题一般都不会太长,这样将会导致界面上有大量的空白区域,如图 5-2 所示。

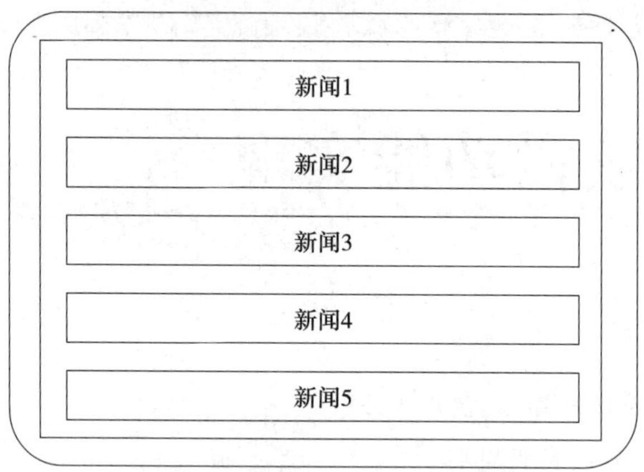

图 5-2　新闻标题列表设计举例二

因此,更好的设计方案是将新闻标题列表界面和新闻详细内容界面分别放在两个碎片中,然后在同一个活动里引入这两个碎片,这样就可以将屏幕空间充分地利用起来,如图 5-3 所示。

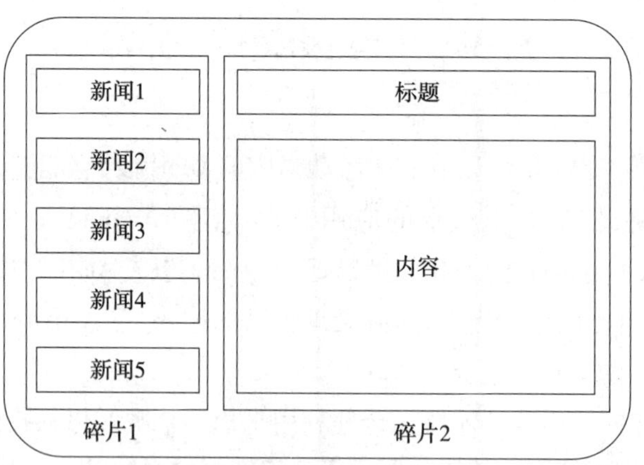

图 5-3　新闻标题列表设计举例三

5.2　Fragment 的使用方式

介绍了抽象的概念,下面来学习碎片的具体用法。我们已经知道,碎片通常是在平板中使用,因此我们首先要新建一个平板的模拟器。这里新建一个 Android 4.4 系统的平板模拟器,如图 5-4 所示。

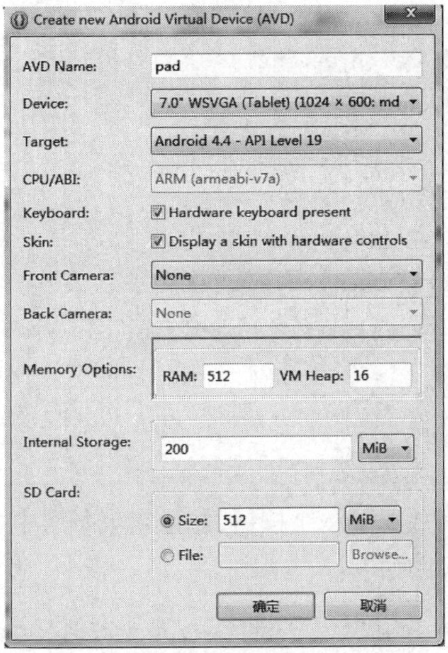

Create new Android Virtual Device (AVD)

AVD Name: pad
Device: 7.0" WSVGA (Tablet) (1024 × 600: md
Target: Android 4.4 - API Level 19
CPU/ABI: ARM (armeabi-v7a)
Keyboard: Hardware keyboard present
Skin: Display a skin with hardware controls
Front Camera: None
Back Camera: None
Memory Options: RAM: 512 VM Heap: 16
Internal Storage: 200 MiB
SD Card: Size: 512 MiB
File: Browse...
确定 取消

图 5-4　平板模拟器

启动平板模拟器后的效果如图 5-5 所示。

图 5-5　平板模拟器效果

5.2.1　静态碎片

准备工作完成后,再新建一个 FragmentTest 项目。这里我们准备在一个活动中添加两个碎片,并让这两个碎片平分活动空间。

新建一个左侧碎片布局 left_fragment. xml,代码如下:

```
<LinearLayout xmlns:android="http://schemas.android.com/apk/res/android"
  android:layout_width="match_parent"
  android:layout_height="match_parent"
  android:orientation="vertical" >
  <Button
    android:id="@ +id/button"
    android:layout_width="wrap_content"
    android:layout_height="wrap_content"
    android:layout_gravity="center_horizontal"
    android:text="Button"
    />
</LinearLayout>
```

这个布局非常简单,只放置了一个按钮,并让它水平居中显示。然后新建右侧碎片布局 right_fragment. xml,代码如下:

```
<LinearLayout xmlns:android="http://schemas.android.com/apk/res/android"
  android:layout_width="match_parent"
  android:layout_height="match_parent"
  android:background="#00ff00"
  android:orientation="vertical" >
  <TextView
    android:layout_width="wrap_content"
    android:layout_height="wrap_content"
    android:layout_gravity="center_horizontal"
    android:textSize="20sp"
    android:text="This is right fragment"
    />
</LinearLayout>
```


可以看到,我们将这个布局的背景色设置成绿色,并放置了一个 TextView 用于显示一段文本。接着新建一个 LeftFragment 类,继承自 Fragment。注意,这里可能会有两个不同包下的 Fragment 供选择,建议使用 android. app. Fragment,因为我们的程序是面向 Android 4.0 以上系统的,另一个包下的 Fragment 主要用于兼容低版本的 Android 系统。LeftFragment 的代码如下所示:

```
public class LeftFragment extends Fragment {
  @ Override
  public View onCreateView(LayoutInflater inflater, ViewGroup container,
```

```
      Bundle savedInstanceState) {
    View view = inflater.inflate(R.layout.left_fragment, container, false);
    return view;
  }
}
```

这里仅仅是重写了 Fragment 的 onCreateView( )方法,然后在这个方法中通过 LayoutInflater 的 inflate( )方法将定义的 left_fragment 布局动态加载,整个方法简单明了。接着我们用同样的方法再新建一个 RightFragment,代码如下所示:

```
public class RightFragment extends Fragment {
  @ Override
  public View onCreateView(LayoutInflater inflater, ViewGroup container,
      Bundle savedInstanceState) {
    View view = inflater.inflate(R.layout.right_fragment, container, false);
    return view;
  }
}
```

代码基本相同,接下来修改 activity_main. xml 中的代码,代码如下:

```
<LinearLayout xmlns:android = "http://schemas.android.com/apk/res/android"
  xmlns:tools = "http://schemas.android.com/tools"
  android:layout_width = "match_parent"
  android:layout_height = "match_parent"
  android:orientation = "horizontal"
  tools:context = ".MainActivity" >
  <fragment
    android:id = "@ +id/left_fragment"
    android:name = "com.example.fragmenttest.LeftFragment"
    android:layout_width = "0dp"
    android:layout_weight = "1"
    android:layout_height = "match_parent"/>
  <fragment
    android:id = "@ +id/right_fragment"
    android:name = "com.example.fragmenttest.RightFragment"
    android:layout_width = "0dp"
    android:layout_weight = "1"
    android:layout_height = "match_parent"/>
</LinearLayout>
```

可以看到,我们使用了<fragment>标签在布局中添加碎片,其中指定的大多数属性都是我们熟悉的,只不过这里还需要通过 android:name 属性来指明要添加的碎片类名,注意一定要将包名加上。

这样,最简单的碎片示例就已经写好了,现在运行一下程序,效果如图 5-6 所示。

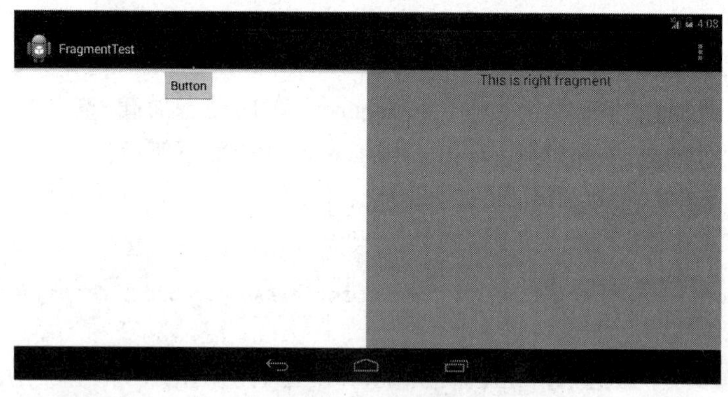

图 5-6　运行效果

5.2.2　动态碎片

在上一节中,我们已经学会在布局文件中添加碎片的方法,不过碎片真正强大之处在于它可以在程序运行时动态地添加到活动中。根据具体情况来动态地添加碎片,我们就可以将程序界面定制得更加多样化。

我们还是在前面的代码基础上继续完善,新建 another_right_fragment. xml,代码如下:

```
<?xml version="1.0" encoding="utf-8"?>
<LinearLayout xmlns:android="http://schemas.android.com/apk/res/android"
  android:layout_width="match_parent"
  android:layout_height="match_parent"
  android:background="#ffff00"
  android:orientation="vertical" >
  <TextView
    android:layout_width="wrap_content"
    android:layout_height="wrap_content"
    android:layout_gravity="center_horizontal"
    android:textSize="20sp"
    android:text="This is another right fragment"
    />
</LinearLayout>
```

这个布局文件和 right_fragment. xml 中的代码基本相同,只是将背景色改换成了黄色,并修改了显示的文字。然后新建 AnotherRightFragment 作为另一个右侧碎片,代码如下:

```
public class AnotherRightFragemnt extends Fragment {
  @ Override
  public View onCreateView(LayoutInflater inflater, ViewGroup container,
      Bundle savedInstanceState) {
    View view = inflater. inflate (R. layout. another _ right _ fragment, container,
false);
    return view;
  }
}
```

这段代码同样非常简单,在 onCreateView( )方法中加载了刚刚创建的 AnotherRightFragment 布局。这样我们就准备好了另一个碎片,接下来将它动态地添加到活动中。修改 activity_main. xml,代码如下:

```
<LinearLayout xmlns:android = "http://schemas.android.com/apk/res/android"
  xmlns:tools = "http://schemas.android.com/tools"
  android:layout_width = "match_parent"
  android:layout_height = "match_parent"
  android:orientation = "horizontal"
  tools:context = ".MainActivity" >
  <fragment
    android:id = "@ +id/left_fragment"
    android:name = "com.example.fragmenttest.LeftFragment"
    android:layout_width = "0dp"
    android:layout_weight = "1"
    android:layout_height = "match_parent"/>
  <FrameLayout
    android:id = "@ +id/right_layout"
    android:layout_width = "0dp"
    android:layout_weight = "1"
    android:layout_height = "match_parent">
    <fragment
      android:id = "@ +id/right_fragment"
      android:name = "com.example.fragmenttest.RightFragment"
      android:layout_width = "match_parent"
```

```
        android:layout_height="match_parent"/>
    </FrameLayout>
</LinearLayout>
```

可以看到,现在将右侧碎片放在了 FrameLayout 中,之后我们将在代码中替换 FrameLayout 里的内容,从而实现动态添加碎片的功能。修改 MainActivity 中的代码如下:

```
public class MainActivity extends Activity implements OnClickListener {
    private Button button;
    @ Override
    protected void onCreate(Bundle savedInstanceState) {
        super.onCreate(savedInstanceState);
        setContentView(R.layout.activity_main);
        button = (Button) findViewById(R.id.button);
        button.setOnClickListener(this);
    }
    @ Override
    public void onClick(View v) {
        switch (v.getId()) {
        case R.id.button:
            AnotherRightFragemnt fragment = new AnotherRightFragemnt();
            FragmentManager fragmentManager = getFragmentManager();
            FragmentTransaction transaction = fragmentManager.beginTransaction();
            transaction.replace(R.id.right_layout, fragment);
            transaction.commit();
            break;
        }
    }
}
```


可以看到,首先我们给左侧碎片中的按钮注册了一个点击事件,然后将动态添加碎片的逻辑都放在了点击事件里进行。结合代码可以看出,动态添加碎片主要分为 5 步:

①创建待添加的碎片实例。

②获取 FragmentManager,在活动中可以直接调用 getFragmentManager()方法得到。

③调用 beginTransaction()方法开启事务。

④向容器内加入碎片,一般使用 replace()方法实现,需要传入容器的 id 和待添加的碎片实例。

⑤提交事务,调用 commit( ) 方法来完成。

这样就完成了在活动中动态添加碎片的功能,运行程序,可以看到和之前相同的界面,然后单击一下按钮,效果如图 5-7 所示。

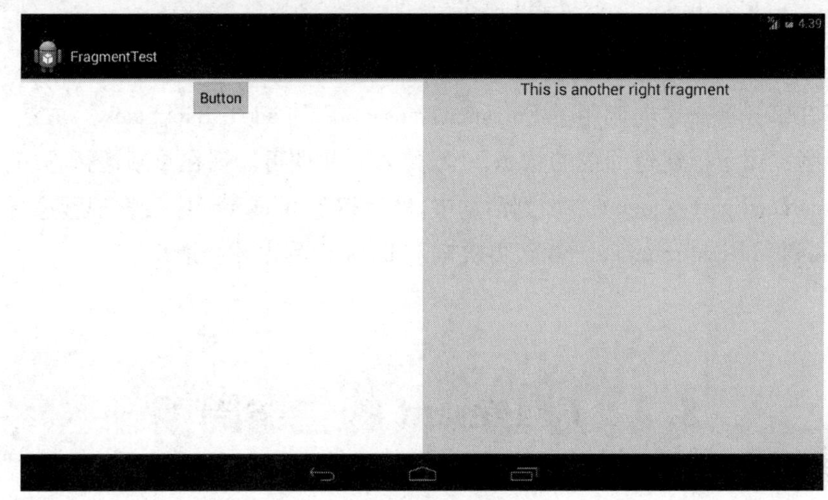

图 5-7　运行效果

5.2.3　在碎片中模拟返回栈

在上一小节中,我们成功实现了向活动中动态添加碎片的功能,不过你尝试一下就会发现,通过点击按钮添加了一个碎片之后,这时按下 Back 键,程序就会直接退出。如果这里想模仿类似返回栈的效果,按下 Back 键可以回到上一个碎片,该如何实现呢?

其实很简单,FragmentTransaction 中提供了一个 addToBackStack( ) 方法,可以用于将一个事务添加到返回栈中,修改 MainActivity 中的代码,如下所示:

```
public class MainActivity extends Activity implements OnClickListener {
  //....
  @ Override
  public void onClick(View v) {
    switch (v.getId()) {
    case R.id.button:
      AnotherRightFragemnt fragment = new AnotherRightFragemnt();
      FragmentManager fragmentManager = getFragmentManager();
      FragmentTransaction transaction = fragmentManager.beginTransaction();
      transaction.replace(R.id.right_layout, fragment);
      transaction.addToBackStack(null);
```

```
        transaction.commit();
        break;
      }
    }
}
```

这里在事务提交之前调用了 FragmentTransaction 的 addToBackStack( )方法,它可以接收一个名字用于描述返回栈的状态,一般传入 null 即可。现在重新运行程序,并点击按钮将 AnotherRightFragment 添加到活动中,然后按下 Back 键,你会发现程序并没有退出,而是回到了 RightFragment 界面,再次按下 Back 键程序才会退出。

5.3 Fragment 的生命周期

和活动一样,碎片也有自己的生命周期,并且和活动的生命周期非常相似。每个活动在其生命周期内有运行状态、暂停状态、停止状态和销毁状态四种。类似地,每个碎片在其生命周期内也可能会经历这几种状态,只不过在一些细小的部分会有区别。

(1)运行状态

当一个碎片是可见的,并且它所关联的活动正处于运行状态时,该碎片处于运行状态。

(2)暂停状态

当一个活动进入暂停状态时(由于另一个未占满屏幕的活动被添加到栈顶),与它相关联的可见碎片就会进入暂停状态。

(3)停止状态

当一个活动进入停止状态时,与它相关联的碎片就会进入停止状态;或者通过调用 FragmentTransaction 的 remove( )、replace( )方法将碎片从活动中移除,但又在事务提交之前调用 addToBackStack( )方法,这时的碎片也会进入停止状态。总的来说,进入停止状态的碎片对用户来说是完全不可见的,有可能会被系统回收。

(4)销毁状态

碎片总是依附于活动而存在的,因此当活动被销毁时,与它相关联的碎片就会进入销毁状态;或者通过调用 FragmentTransaction 的 remove( )、replace( )方法将碎片从活动中移除,但有在事务提交之前调用 addToBackStack( )方法,这时的碎片也会进入销毁状态。

同样地,Fragment 类中也提供了一系列的回调方法,以覆盖碎片生命周期的每个环

节。其中,活动中有的回调方法,碎片中几乎都有,不过碎片还提供了一些附加的回调方法,如:

onAttach():当碎片和活动建立关联调用。

onCreateView():为碎片创建视图(加载布局)时调用。

onActivityCreate():确保与碎片关联的活动一定已经创建完毕的时候调用。

onDestoryView():当与碎片关联的视图被移除的时候调用。

onDetach():当碎片和活动解除关联的时候调用。

碎片完整的生命周期示意图可参考图 5-8,图片来源于 Android 官网。

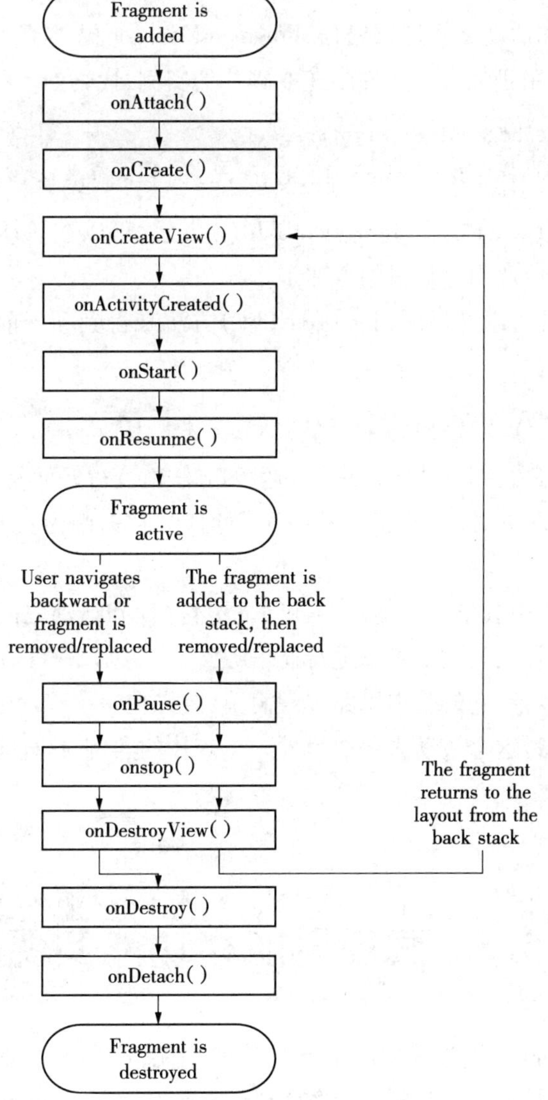

图 5-8　fragment 生命周期

5.4 Fragment 和 Activity 之间进行通信

虽然碎片都是嵌入在活动中显示的,可实际上它们的关系并没有那么亲密。可以看出,碎片和活动都是各自存在于一个独立的类当中,它们之间并没有那么明显的方式来直接进行通信。如果想要在活动中调用碎片里的方法,或者在碎片中调用活动里的方法,应该如何实现呢?

为了方便碎片和活动之间进行通信,FragmentManager 提供了一个类似于 findViewById( )的方法,专门用于从布局文件中获取碎片的实例,代码如下所示:

```
RightFragment rightFragment = (RightFragment)
getFragmentManager().findFragmentById(R.id.right_fragment);
```

调用 FragmentManager 的 findFragmentById( )方法,可以在活动中得到相应碎片的实例,然后就能轻松地调用碎片里的方法了。

在每个碎片中都可以通过调用 getActivity( )方法来得到和当前碎片相关联的活动实例,代码如下所示:

```
MainActivity activity = (MainActivity) getActivity();
```


有了活动实例之后,在碎片中调用活动里的方法就变得轻而易举了。另外,当碎片中需要使用 Context 对象时,也可以使用 getActivity( )方法,因为获取到的活动本身就是一个 Context 对象。

这时不知道你心中会不会产生一个疑问,既然碎片和活动之间的通信问题已经解决了,那么碎片和碎片之间可不可以进行通信呢?

这个问题并不复杂,它的基本思路非常简单:首先在一个碎片中可以得到与它相关联的活动,然后再通过这个活动去获取另外一个碎片的实例,这样也就实现了不同碎片之间的通信功能。

5.5 底部导航栏功能实现

现在很多 Android 应用都采用底部导航栏的功能,这样可以使得用户在使用过程中随意切换不同的页面。下面结合刚学的 Fragment 和 RadioButton 来实现一个底部导航栏功能,最终效果如图 5-9 至图 5-12 所示。

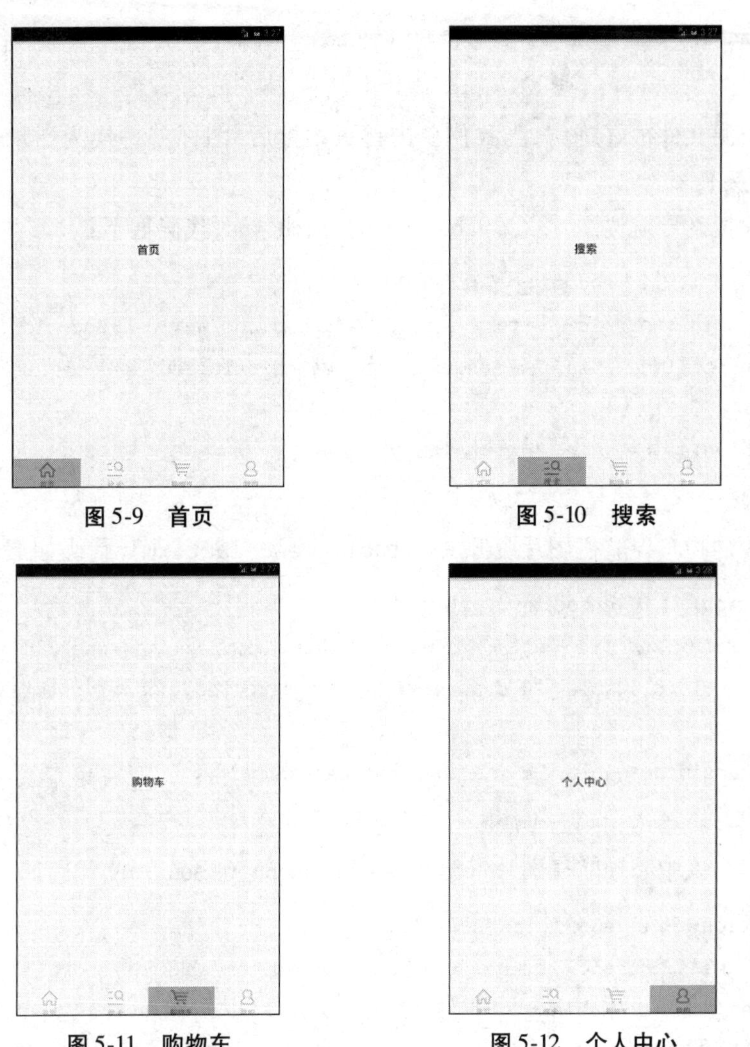

图 5-9　首页　　图 5-10　搜索

图 5-11　购物车　　图 5-12　个人中心

我们在项目开始之前需要做些准备工作，首先将项目所用的 8 张图片导入项目中，然后在 res 下面新建一个文件夹 drawable 用来存放一些自定义资源文件，在 src 下面新建 com. lemall. fragment 包用来存放所有的 Fragment。准备工作完成后，我们就正式开始底部导航栏功能的实现。

(1)创建资源文件

①创建首页导航栏图片资源 table_menu_home. xml，代码如下：

```
<?xml version="1.0" encoding="utf-8"?>
<selector xmlns:android="http://schemas.android.com/apk/res/android" >
  <item android:drawable="@ drawable/tab_home_selected" android:state_checked="
true"/>
```

```
  <item android:drawable="@ drawable/tab_home_normal"/>
</selector>
```

这个资源文件很好理解，当我们单击首页图标后，图标就替换为活动状态的图标（即红色图标）。

②创建搜索导航栏图片资源 table_menu_search. xml，代码如下：

```
<?xml version="1.0" encoding="utf-8"?>
<selector xmlns:android="http://schemas.android.com/apk/res/android" >
  <item android:drawable="@ drawable/tab_search_selected" android:state_checked
="true"/>
  <item android:drawable="@ drawable/tab_search_normal"/>
</selector
```

③创建购物车导航栏图片资源文件 table_menu_cart.xml，代码如下：

```
<?xml version="1.0" encoding="utf-8"?>
<selector xmlns:android="http://schemas.android.com/apk/res/android" >
  <item android:drawable="@ drawable/tab_car_selected" android:state_checked="
true"/>
  <item android:drawable="@ drawable/tab_car_normal"/>
</selector>
```


④创建个人中心导航栏图片资源文件 table_menu_person. xml，代码如下：

```
<?xml version="1.0" encoding="utf-8"?>
<selector xmlns:android="http://schemas.android.com/apk/res/android" >
  < item android: drawable = "@ drawable/tab _ personal _ selected" android: state _
checked="true"/>
  <item android:drawable="@ drawable/tab_personal_normal"/>
</selector>
```

⑤创建导航栏背景资源文件 table_menu_bg. xml，代码如下：

```
<?xml version="1.0" encoding="utf-8"?>
<selector xmlns:android="http://schemas.android.com/apk/res/android" >
  <item android:state_checked="true">
    <shape>
      <solid android:color="#FFC4C4C4"/>
    </shape>
  </item>
  <item>
```

```
    <shape>
      <solid android:color="#FFFFFF"/>
    </shape>
  </item>
</selector>
```

这里要使用 4 个 RadioButton,每个 RadioButton 的属性几乎是差不多的,因此我们可以把每个 RadioButton 相同的属性抽取出来写到 styles. xml 文件中。打开 res/values 目录下的 styles. xml,添加如下代码:

```
<style name="table_menu_item">
    <item name="android:layout_width">0dp</item>
    <item name="android:layout_weight">1</item>
    <item name="android:layout_height">match_parent</item>
    <item name="android:paddingTop">5dp</item>
    <item name="android:button">@ null</item>
    <item name="android:gravity">center</item>
    <item name="android:background">@ drawable/table_menu_bg</item>
</style>
```

(2)创建 Frangment 布局文件

①创建首页布局文件 fg_home. xml,代码如下:


```
<?xml version="1.0" encoding="utf-8"?>
<LinearLayout xmlns:android="http://schemas.android.com/apk/res/android"
  android:layout_width="match_parent"
  android:layout_height="match_parent"
  android:orientation="vertical" >
  <TextView
    android:layout_width="match_parent"
    android:layout_height="match_parent"
    android:gravity="center"
    android:textSize="20sp"
    android:text="首页"/>
</LinearLayout>
```

该布局文件采用线性布局,在布局文件中添加一个 TextView 用来提示当前页面内容。

②创建搜索页布局文件 fg_search. xml,代码如下:

```
<?xml version="1.0" encoding="utf-8"?>
<LinearLayout xmlns:android="http://schemas.android.com/apk/res/android"
  android:layout_width="match_parent"
  android:layout_height="match_parent"
  android:orientation="vertical" >
  <TextView
    android:layout_width="match_parent"
    android:layout_height="match_parent"
    android:gravity="center"
    android:textSize="20sp"
    android:text="搜索"/>
</LinearLayout>
```

③创建购物车页面布局文件 fg_cart.xml,代码如下：

```
<?xml version="1.0" encoding="utf-8"?>
<LinearLayout xmlns:android="http://schemas.android.com/apk/res/android"
  android:layout_width="match_parent"
  android:layout_height="match_parent"
  android:orientation="vertical" >
  <TextView
    android:layout_width="match_parent"
    android:layout_height="match_parent"
    android:gravity="center"
    android:textSize="20sp"
    android:text="购物车"/>
</LinearLayout>
```


④创建个人中心页面布局文件 fg_person.xml,代码如下：

```
<?xml version="1.0" encoding="utf-8"?>
<LinearLayout xmlns:android="http://schemas.android.com/apk/res/android"
  android:layout_width="match_parent"
  android:layout_height="match_parent"
  android:orientation="vertical" >
  <TextView
    android:layout_width="match_parent"
    android:layout_height="match_parent"
    android:gravity="center"
```

```
    android:textSize="20sp"
    android:text="个人中心"/>
</LinearLayout>
```

(3)创建 Fragment

①创建首页碎片类 HomeFragment.java,代码如下:

```
public class HomeFragment extends Fragment {
  @ Override
  public View onCreateView(LayoutInflater inflater, ViewGroup container,
      Bundle savedInstanceState) {
    View view = inflater.inflate(R.layout.fg_home, container, false);
    return view;
  }
}
```

②创建搜索页碎片类 SearchFragment.java,代码如下:

```
public class SearchFragment extends Fragment {
  @ Override
  public View onCreateView(LayoutInflater inflater, ViewGroup container,
      Bundle savedInstanceState) {
    View view = inflater.inflate(R.layout.fg_search, container, false);
    return view;
  }
}
```


③创建购物车页面碎片类 CartFragment.java,代码如下:

```
public class CartFragment extends Fragment {
  @ Override
  public View onCreateView(LayoutInflater inflater, ViewGroup container,
      Bundle savedInstanceState) {
    View view = inflater.inflate(R.layout.fg_cart, container, false);
    return view;
  }
}
```

④创建个人中心页面碎片类 PersonFragment.java,代码如下:

```
public class PersonFragment extends Fragment {
  @ Override
```

```
    public View onCreateView(LayoutInflater inflater, ViewGroup container,
        Bundle savedInstanceState) {
      View view = inflater.inflate(R.layout.fg_person, container, false);
      return view;
    }
}
```

(4)打开 activity_main. xml 并添加代码

代码如下:

```
<RelativeLayout xmlns:android="http://schemas.android.com/apk/res/android"
  xmlns:tools="http://schemas.android.com/tools"
  android:layout_width="match_parent"
  android:layout_height="match_parent"
  tools:context=".MainActivity" >
  <RadioGroup
    android:id="@ +id/rg_tab_bar"
    android:layout_width="match_parent"
    android:layout_height="50dp"
    android:layout_alignParentBottom="true"
    android:orientation="horizontal">
    <RadioButton
      android:id="@ +id/rb_home"
      style="@ style/table_menu_item"
      android:drawableTop="@ drawable/table_menu_home"/>
    <RadioButton
      android:id="@ +id/rb_search"
      style="@ style/table_menu_item"
      android:drawableTop="@ drawable/table_menu_search"/>
    <RadioButton
      android:id="@ +id/rb_cart"
      style="@ style/table_menu_item"
      android:drawableTop="@ drawable/table_menu_cart"/>
    <RadioButton
      android:id="@ +id/rb_person"
      style="@ style/table_menu_item"
      android:drawableTop="@ drawable/table_menu_person"/>
  </RadioGroup>
```

```
  <FrameLayout
    android:id="@ +id/ly_content"
    android:layout_width="match_parent"
    android:layout_height="match_parent"
    android:layout_above="@ id/rg_tab_bar">
  </FrameLayout>
</RelativeLayout>
```

(5)打开 MainActivity. java 并添加代码

代码如下:

```
public class MainActivity extends Activity implements OnCheckedChangeListener {
  private RadioGroup rg_table_bar;
  private RadioButton rb_home;
  private FragmentManager fManager;
  private Fragment fg_home, fg_search, fg_cart, fg_person;
  @ Override
  protected void onCreate(Bundle savedInstanceState) {
    super.onCreate(savedInstanceState);
    requestWindowFeature(Window.FEATURE_NO_TITLE);
    setContentView(R.layout.activity_main);
    fManager = getFragmentManager();
    //获取按钮组并为其绑定选择事件
    rg_table_bar = (RadioGroup) findViewById(R.id.rg_tab_bar);
    rg_table_bar.setOnCheckedChangeListener(this);
    //获取第一个单选按钮,并设置其为选中状态
    rb_home = (RadioButton) findViewById(R.id.rb_home);
    rb_home.performClick();
  }
  @ Override
  public void onCheckedChanged(RadioGroup radioGroup, int checkId) {
    FragmentTransaction transaction = fManager.beginTransaction();
    switch (checkId) {
    case R.id.rb_home:
      fg_home = new HomeFragment();
      transaction.replace(R.id.ly_content, fg_home);
      transaction.addToBackStack(null);
      break;
```

```
    case R.id.rb_search:
      fg_pearch = new PersonFragment();
      transaction.replace(R.id.ly_content, fg_pearch);
      transaction.addToBackStack(null);
      break;
    case R.id.rb_person:
      fg_person: new PersonFragment();
      transaction.replace(R.id.ly_content, fg_person);
      transaction.addToBackStack(null);
      break;
    }
    transaction.commit();
  }
}
```

保存项目,在模拟器中运行就可看到如图 5-8 至图 5-11 所示的效果了。

【小结】

本项目介绍了碎片(Fragment)的使用并结合 radioButton 实现了商城底部导航栏功能。最近 Google 在自己推出的 Material design 中增加了 Bottom Navigation 导航控制。有了这个规定之后,我们就可以很轻松地实现底部导航栏功能,有兴趣的同学可以到网上了解一下。

项目 6
首页广告图片切换功能实现

【学习目标】

- 掌握 ViewPager 的使用方法
- 掌握 PageAdapter 的使用方法
- 掌握页面切换监听器 OnPageChangeListener 的使用方法

6.1 ViewPager 简介

ViewPager 是一个简单的页面切换组件,我们可以往里面填充多个 View,然后我们可以左右滑动以切换不同的 View,一般是用来做 APP 的引导页或者实现图片轮播。因为 ViewPager 是 Android 3.0 后引入的,如果想在低版本下使用,就需要引入 v4 兼容包。

ViewPager 是 Android 扩展包 v4 包中的类,这个类可以让用户左右切换当前的 View。

①ViewPager 类直接继承了 ViewGroup 类,所以它是一个容器类,可以在其中添加其他的 View 类。

②ViewPager 类需要一个 PagerAdapter 适配器类给它提供数据。

③ViewPager 经常和 Fragment 一起使用,并且提供了专门的 FragmentPagerAdapter 和 FragmentStatePagerAdapter 类供 Fragment 中的 ViewPager 使用。

6.2 ViewPager 的基本使用

本项目要实现三个 View 之间相互滑动,效果如图 6-1 所示。

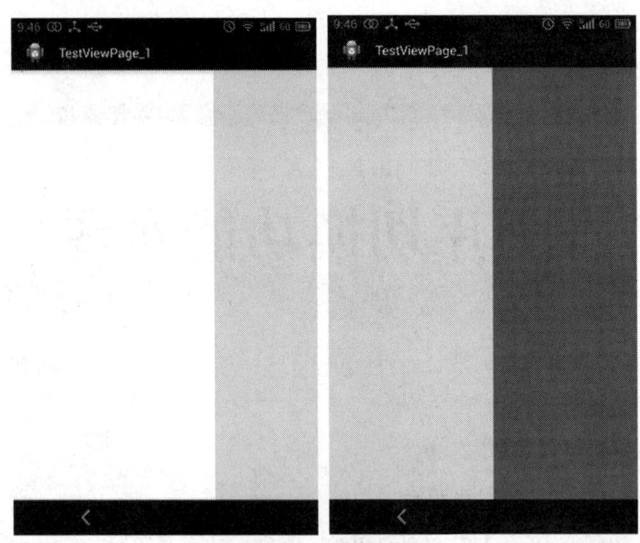

图 6-1　滑动效果

(1)新建项目并引入 ViewPager 控件

打开主布局文件 activity_main. xml,添加如下代码:

```
<RelativeLayout xmlns:android="http://schemas.android.com/apk/res/android"
  xmlns:tools="http://schemas.android.com/tools"
  android:layout_width="fill_parent"
  android:layout_height="fill_parent"
  tools:context="com.example.testviewpage_1.MainActivity" >
  <android.support.v4.view.ViewPager
    android:id="@+id/viewpager"
    android:layout_width="wrap_content"
    android:layout_height="wrap_content"
    android:layout_gravity="center" />
</RelativeLayout>
```


其中<Android. support. v4. view. ViewPager />是 ViewPager 对应的组件,将其放到想要滑动的位置。

(2)新建三个 layout 用于滑动切换的视图

从效果图中也可以看到,我们的三个视图都非常简单,里面没有任何的控件。布局代码如下:

layout1. xml:

```
<?xml version="1.0" encoding="utf-8"?>
<LinearLayout xmlns:android="http://schemas.android.com/apk/res/android"
```

```
  android:layout_width="match_parent"
  android:layout_height="match_parent"
  android:background="#ffffff"
  android:orientation="vertical" >
</LinearLayout>
```

layout2. xml：

```
<?xml version="1.0" encoding="utf-8"?>
<LinearLayout xmlns:android="http://schemas.android.com/apk/res/android"
  android:layout_width="match_parent"
  android:layout_height="match_parent"
  android:background="#ffff00"
  android:orientation="vertical" >
</LinearLayout>
```

layout3. xml：

```
<?xml version="1.0" encoding="utf-8"?>
<LinearLayout xmlns:android="http://schemas.android.com/apk/res/android"
  android:layout_width="match_parent"
  android:layout_height="match_parent"
  android:background="#ff00ff"
  android:orientation="vertical" >
</LinearLayout>
```

(3)打开 MainActivity. java 并添加代码

添加代码实现页面切换效果,代码如下：

```
public class MainActivity extends Activity {
  @Override
  protected void onCreate(Bundle savedInstanceState) {
    super.onCreate(savedInstanceState);
    setContentView(R.layout.activity_main);
    //功能实现代码
  }
}
```

因为代码量很小,所以全部放在了 OnCreate( )函数中。

①首先声明全局变量,代码如下：

```
private View view1, view2, view3;
private List<View> viewList;     //view 数组
private ViewPager viewPager;     //对应的 viewPager
```

ViewPager 对应<android. support. v4. view. ViewPager/>控件;view1,view2,view3 对应三个 layout,即 layout1. xml, layout2. xml, layout3. xml; viewList 是一个 View 数组,盛装上面的三个 View。

②对变量初始化,代码如下:

```
@Override
protected void onCreate(Bundle savedInstanceState) {
  super.onCreate(savedInstanceState);
  setContentView(R.layout.activity_main);
  viewPager = (ViewPager) findViewById(R.id.viewpager);
  LayoutInflater inflater=getLayoutInflater();
  view1= inflater.inflate(R.layout.layout1, null);
  view2= inflater.inflate(R.layout.layout2,null);
  view3= inflater.inflate(R.layout.layout3, null);
  viewList = new ArrayList<View>();//将要分页显示的 View 装入数组中
  viewList.add(view1);
  viewList.add(view2);
  viewList.add(view3);
}
```


③编写 PageView 的适配器,代码如下:

```
@Override
protected void onCreate(Bundle savedInstanceState) {
    super.onCreate(savedInstanceState);
    setContentView(R.layout.activity_main);
    //变量初始化代码
    PagerAdapter pagerAdapter = new PagerAdapter() {
      @Override
      public boolean isViewFromObject(View arg0, Object arg1) {
        return arg0 = = arg1;
      }
      @Override
      public int getCount() {
        return viewList.size();//返回要滑动的 View 的个数
```

```
        }
        @Override
        public void destroyItem(ViewGroup container, int position,
                    Object object) {
          //从当前 container 中删除指定位置(position)的 View
          container.removeView(viewList.get(position));
        }
        @Override
        //将当前视图添加到 container 中并返回当前 View
        public Object instantiateItem(ViewGroup container, int position){
          container.addView(viewList.get(position));
          return viewList.get(position);
        }
      };
  //绑定适配器
  viewPager.setAdapter(pagerAdapter);
}
```

保存项目,在模拟器中预览,向左右滑动屏幕便可看到如图 6-1 所示的效果。

6.3　广告图片功能实现

打开项目,将素材中的 4 张 banner 图片和 2 张用于提示的小白点图片复制到项目中。

①为这 4 张图片创建布局文件,代码如下:

banner_item0. xml:

```
<LinearLayout xmlns:android="http://schemas.android.com/apk/res/android"
  android:layout_width="match_parent"
  android:layout_height="match_parent"
  android:orientation="vertical" >
  <ImageView
    android:layout_width="match_parent"
    android:layout_height="wrap_content"
    android:src="@drawable/banner0"
    android:scaleType="centerCrop"/>
</LinearLayout>
```

banner_item1. xml:

```
<LinearLayout xmlns:android="http://schemas.android.com/apk/res/android"
  android:layout_width="match_parent"
  android:layout_height="match_parent"
  android:orientation="vertical" >
  <ImageView
    android:layout_width="match_parent"
    android:layout_height="wrap_content"
    android:src="@drawable/banner1"
    android:scaleType="centerCrop"/>
</LinearLayout>
```

banner_item2. xml:

```
<LinearLayout xmlns:android="http://schemas.android.com/apk/res/android"
  android:layout_width="match_parent"
  android:layout_height="match_parent"
  android:orientation="vertical" >
  <ImageView
    android:layout_width="match_parent"
    android:layout_height="wrap_content"
    android:src="@drawable/banner2"
    android:scaleType="centerCrop"/>
</LinearLayout>
```


banner_item3. xml:

```
<LinearLayout xmlns:android="http://schemas.android.com/apk/res/android"
  android:layout_width="match_parent"
  android:layout_height="match_parent"
  android:orientation="vertical" >
  <ImageView
    android:layout_width="match_parent"
    android:layout_height="wrap_content"
    android:src="@drawable/banner3"
    android:scaleType="centerCrop"/>
</LinearLayout>
```

②打开首页布局文件 fg_home. xml，将布局文件改为相对布局并添加一个 ViewPager 和一个 LinearLayout。其中，ViewPager 用于显示 banner 图片，LinearLayout 用

于显示提示用的小白点,代码如下:

```
<RelativeLayout xmlns:android="http://schemas.android.com/apk/res/android"
  android:layout_width="match_parent"
  android:layout_height="match_parent" >
  <android.support.v4.view.ViewPager
    android:id="@+id/viewPager"
    android:layout_width="match_parent"
    android:layout_height="200dp"/>
  <!--显示提示小白点-->
  <LinearLayout
      android:id="@+id/viewGroup"
      android:layout_width="match_parent"
      android:layout_height="wrap_content"
      android:layout_alignParentTop="true"
      android:layout_marginTop="180dp"
      android:gravity="center_horizontal"
      android:orientation="horizontal"/>
</RelativeLayout>
```

③在 com. lemall. adapter 中创建适配器 MyPagerAdapter. java,在其构造函数中传入保存了广告图片控件的数组 ArrayList<View> pageViews,代码如下:


```
public class MyPagerAdapter extends PagerAdapter {
  private ArrayList<View> pageViews;//要显示图片的数组
  public MyPagerAdapter(ArrayList<View> pageViews) {
    this.pageViews = pageViews;
  }
  @Override
  public boolean isViewFromObject(View arg0, Object arg1) {
    return arg0==arg1;
  }
  @Override
  public int getCount() {
    return pageViews.size();
  }
  //是从 ViewGroup 中移出当前 View
  public void destroyItem(View container, int position, Object object) {
    ((ViewPager) container).removeView(pageViews.get(position));
```

```
  };
  //返回一个对象,这个对象表明了 PagerAdapter 适配器选择哪个对象放在当前的
ViewPager 中
  public Object instantiateItem(View container, int position) {
    ((ViewPager) container).addView(pageViews.get(position));
    return pageViews.get(position);
  };
}
```

④打开 HomeFragment.java,首先声明变量,代码如下:

```
public class HomeFragment extends Fragment {
private ImageView imageView;                //显示小白点的控件
  private ImageView[] imageViews;           //保存小白点控件的数组
  private ViewGroup group;                  //显示一组小白点的控件
  private ArrayList<View> pageViews;        //保存图片的数组
  private ViewPager viewPager;
  @Override
  public View onCreateView(LayoutInflater inflater, ViewGroup container,
      Bundle savedInstanceState) {
    View view = inflater.inflate(R.layout.fg_home, container, false);
    return view;
  }
}
```


紧接着在 onCreateView()方法中完成图片和提示器的显示,代码如下:

```
@Override
  public View onCreateView(LayoutInflater inflater, ViewGroup container,
      Bundle savedInstanceState) {
    View view = inflater.inflate(R.layout.fg_home, container, false);
    viewPager = (ViewPager) view.findViewById(R.id.viewPager);
    //查找布局文件
    View view0 = inflater.inflate(R.layout.banner_item0, null);
    View view1 = inflater.inflate(R.layout.banner_item1, null);
    View view2 = inflater.inflate(R.layout.banner_item2, null);
    View view3 = inflater.inflate(R.layout.banner_item3, null);
    //将 view 装入数组
    pageViews = new ArrayList<View>();
```

```
    pageViews.add(view0);
    pageViews.add(view1);
    pageViews.add(view2);
    pageViews.add(view3);
    group = (ViewGroup) view.findViewById(R.id.viewGroup);
    //有多少图片就有多少点
    imageViews = new ImageView[pageViews.size()];
    for (int i =0; i < pageViews.size(); i++) {
      imageView = new ImageView(getActivity());
      imageView.setLayoutParams(new LayoutParams(
          LayoutParams.WRAP_CONTENT, LayoutParams.WRAP_CONTENT));
      imageViews[i] = imageView;
      //默认第一张为选中状态
      if (i = =0) {
        imageViews[i]
  .setBackgroundResource(R.drawable.page_indicator_focused);
      } else {
        imageViews[i]
  .setBackgroundResource(R.drawable.page_indicator_unfocused);
      }
      group.addView(imageViews[i]);
    }
    //绑定适配器
    viewPager.setAdapter(new MyPagerAdapter(pageViews));
    //绑定监听事件
    viewPager.setOnPageChangeListener(new GuidePageChangeListener());
    return view;
  }
```

最后给 viewPager 绑定监听器 GuidePageChangeListener( ),在 HomeFragment 内部声明一个内部私有类 GuidePageChangeListener,该类实现了 OnPageChangeListener 接口,代码如下:

```
private class GuidePageChangeListener implements OnPageChangeListener {
    @Override
    public void onPageScrollStateChanged(int arg0) {
    }
    @Override
```

```
    public void onPageScrolled(int arg0, float arg1, int arg2) {
    }
    //如果切换了,就把当前的点设置为选中背景,其他设置未选中背景
    @Override
    public void onPageSelected(int arg0) {
      for (int i =0; i < imageViews.length; i++) {
        imageViews[arg0]
.setBackgroundResource(R.drawable.page_indicator_focused);
        if (arg0! = i) {
          imageViews[i]
.setBackgroundResource(R.drawable.page_indicator_unfocused);
        }
      }
    }
}
```

保存项目,在模拟器中运行就会看到如图 6-2 所示的效果。

图 6-2　运行效果

【小结】

本项目介绍了 ViewPager 的使用方法。美中不足的是本项目中的图片不能够实现循环播放,那么有没有办法实现循环播放和左右滑动呢?答案当然是肯定的,不过需要用到线程的知识,那么这个功能留给同学们思考吧。

项目 7
首页商品列表功能实现

【学习目标】

- 掌握控件 ListView 的使用方法
- 掌握常用适配的使用方法

在日常生活中,人们会经常使用新闻客户端、淘宝客户端等应用程序。这些应用程序通常会有一个页面展示多个条目信息,并且每个条目信息的布局都是一样的。要实现这种功能,我们通常会想到创建大量相同的布局,但是这种方法并不利于程序维护和扩展。为此,Android 系统提供了一个 ListView 控件,该控件可以解决上述问题,本项目将针对 ListView 进行详解。

7.1 ListView 控件

在 Android 开发中,ListView 是一个比较常用的控件。它以列表的形式展示具体的数据内容,并且能够根据数据的长度自适应屏幕长度。接下来介绍一下 ListView 的常见属性,如表 7-1 所示。

表 7-1 ListView 常见属性

属性名称	属性功能
android:cacheColorHint	设置拖动的背景色
android:divider	设置分割线
android:dividerHeight	设置分割线的长度
android:listSelector	设置 ListView item 选中时的颜色
android:scrollbars	设置 ListView 的滚动条
android:fadeScrollbars	设置为 true 就可以实现滚动条的自动隐藏和显示

接下来通过代码演示 ListView 的使用方法。首先,需要新建一个 Android 程序 ListView,然后在从程序目录下的 activity_main. xml 文件中添加 ListView 控件,具体代码如下:

```
<LinearLayout xmlns:android="http://schemas.android.com/apk/res/android"
  xmlns:tools="http://schemas.android.com/tools"
  android:layout_width="match_parent"
  android:layout_height="match_parent"
  android:orientation="vertical"
  tools:context=".MainActivity" >
  <ListView
    android:id="@+id/lv"
    android:layout_width="match_parent"
    android:layout_height="match_parent"/>
</LinearLayout>
```

从上述代码可以看出 ListView 和 Android 系统中提供的其他控件一样需要宽、高、id,上述代码图形化界面如图 7-1 所示。从图 7-1 中可以看出,ListView 是一个列表视图,由很多 Item(条目)组成,每个 Item 的布局都是一样的。需要注意的是,在布局文件中指定 ListView 的 id 之后才会在图形化视图中看到如图 7-1 所示的界面。同时,如果不对 ListView 进行数据适配,那么就无法在界面上看到布局文件中创建的 ListView。

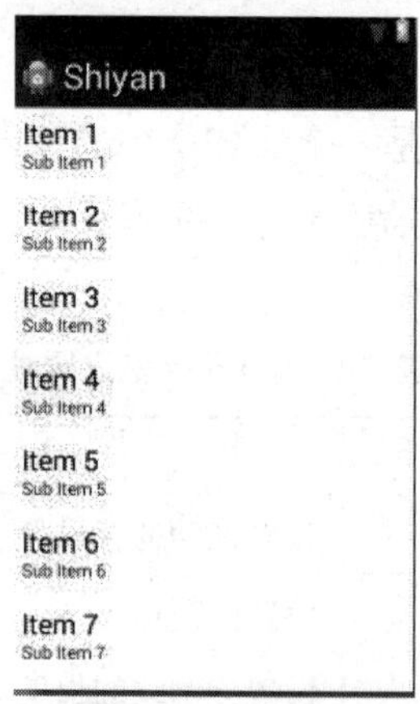

图 7-1　ListView 图形化界面

7.2　常用数据适配器(Adapter)

为了实现数据适配,Android 系统提供了一系列的适配器(Adapter)对 ListView 进行数据适配。适配器就像显示器,把复杂的数据按人们易接受的方式来展示。接下来介绍几种常用的 Adapter。

(1)BaseAdapter

BaseAdapter 顾名思义即基本的适配器。它实际上就是一个抽象类,该类拥有 4 个抽象方法。在 Android 开发中,可根据这几个抽象方法来对 ListView 进行数据适配。

BaseAdapter 的 4 个抽象方法的功能如表 7-2 所示。

表 7-2　BaseAdapter 的几个抽象方法

方法名称	方法描述
Public int getCount()	得到 Item 总数
Public Object getItem(int position)	根据 position 得到某个 Item 的总数
Public long getItem(int position)	根据 position 得到某个 Item 的 id
Public View getView(int position, View convertView, View Group parent)	得到相应 position 对应的 Item 视图, position 当前 Item 的位置, convertView 复用的 View 对象

表 7-2 介绍的 4 个抽象方法分别用于设置 Item 的总数、获取 Item 对象、获取 Item id、得到 Item 视图。开发者在适配数据到 ListView 时,需要创建一个类来继承 BaseAdapter 并重写这 4 个抽象方法。

(2)SimpleAdapter

SimpleAdapter 继承了 BaseAdapter,实现了 BaseAdapter 的 4 个抽象方法,分别是 getCount()、getItem()、getItemId()、getView()方法。因此,开发者需要创建 SimpleAdapter 的构造方法如下:

```
public SimpleAdapter(Context context, List <? Extends  Map<String, ?>>
Data,int resource, String[] from,int[] to);
```

上述构造方法有多个参数,下面针对这些参数进行介绍:

- Context context:Context 对象,getView()方法中需要用到 Context 来将布局文件转换为 View 对象。
- List <? Extends Map<String, ? >>data:数据集合,SimpleAdapter 已经在 getCount()方法中实现将数据集合的大小返回。

- int resource：Item 布局的资源 Id。
- String[ ] from：Map 集合里面的 Key。
- int[ ] to：Item 布局相应的空间 Id。

需要注意的是，SimpleAdapter 只能适配 Checkable、TextView、ImageView，其中 Checkable 是一个接口，CheckBox 控件实现了该接口。TextView 适用于显示文本的控件，ImageView 是用来显示图片的控件。如果 int[ ] to 所代表的控件不是这三种类型，则系统会报 IllegalStateException。

(3) ArrayAdapter

ArrayAdapter 也是 BaseAdapter 的子类。与 SimpleAdapter 相同，ArrayAdapter 也不是抽象类，ArrayAdapter 通常用于适配 TextView 控件，例如 Android 中 Setting(设置菜单)。

ArrayAdapter 的构造方法如下所示：

```
public ArrayAdapter(Context context, int resource, int textViewResourceId,T[] ob-
jects);
```

ArrayAdapter 构造方法中同样有多个参数，下面针对这些参数进行介绍：

- Context context：Context 对象。
- int resource：Item 布局的资源 Id。
- int textViewResourceId：Item 布局相应的控件 TextView 的 Id。
- T[ ] objects：需要适配的数据数组。

7.3 ListView 应用案例——Android 应用市场

前面介绍了 ListView 和几种常见的数据适配器，接下来通过案例“Android 应用市场”来演示如何使用 ListView 以及如何对其进行数据适配。本案例要实现将一个字符数组和一组组图片资源捆绑到 ListView 上显示，具体步骤如下：

(1) 创建程序

创建一个名为“Android 应用市场”的应用程序，将包名修改为 cn. example. mylistview，设计用户交互界面，具体如图 7-2 所示。

ListView 程序对应的布局文件(activity_mian. xml)如下所示：

```
<LinearLayout xmlns:android="http://schemas.android.com/apk/res/android"
  xmlns:tools="http://schemas.android.com/tools"
  android:layout_width="match_parent"
```

```
  android:layout_height="match_parent"
  android:orientation="vertical"
  tools:context=".MainActivity" >
  <ListView
    android:id="@+id/lv"
    android:layout_width="match_parent"
    android:layout_height="match_parent"/>
</LinearLayout>
```

（2）创建 Item 的布局

创建好 ListView 界面之后需要创建 ListView 的条目。在 res 目录下创建一个 List_item. xml 文件，指定 Item 的布局，图形化界面如图 7-3 所示。

图 7-2　"Android 应用市场"界面

图 7-3　ListView 的 Item 布局

从图 7-3 中可以看出 List_item. xml 文件中添加了一个 TextView，具体代码如下所示：

```
<RelativeLayout xmlns:android="http://schemas.android.com/apk/res/android"
  xmlns:tools="http://schemas.android.com/tools"
  android:layout_width="match_parent"
  android:layout_height="match_parent"
  tools:context=".MainActivity" >
  <ImageView
    android:id="@+id/image"
    android:layout_width="wrap_content"
    android:layout_height="wrap_content"
    android:layout_alignParentLeft="true"
```

```
    android:layout_margin="5dp"/>
  <TextView
    android:id="@+id/tv_list"
    android:layout_width="wrap_content"
    android:layout_height="wrap_content"
    android:layout_alignParentTop="true"
    android:layout_centerHorizontal="true"
    android:layout_marginLeft="20dp"
    android:hint="我是 listView 的 Item 布局"
    android:paddingLeft="15dp"
    android:textSize="18sp" />
</RelativeLayout>
```

(3)编写界面交互代码(MainActivity)

创建好了界面,接下来需要在 MainActivity 里面编写适配 ListView 的代码,用于实现将一个字符数组绑定到 ListView 上显示。由于要适配图片,因此要在 drawable 目录下添加相应的图片资源,具体代码如下所示:


```
public class MainActivity extends Activity {
  private ListView mListView;
  //需要适配的数据
  private String[] names = {"京东商城", "QQ", "QQ 斗地主", "新浪微博", "天猫", "UC 浏
览器","微信"};
  //图片集合
  private int[] icons = {R.drawable.jd, R.drawable.qq,
      R.drawable.qq_doudizhu, R.drawable.sina,
      R.drawable.tmall, R.drawable.uc, R.drawable.weixin};
  @Override
  protected void onCreate(Bundle savedInstanceState) {
    super.onCreate(savedInstanceState);
    setContentView(R.layout.activity_main);
    //初始化 ListView 控件
    mListView = (ListView)findViewById(R.id.lv);
    //创建一个 Adapter 的实例
    MyBaseAdapter mAdapter = new MyBaseAdapter();
    //设置 Adapter
    mListView.setAdapter(mAdapter);
  }
```

```
  class MyBaseAdapter extends BaseAdapter{
    @Override
    public int getCount() {
      // ListView Item 条目的总数
      return names.length;
    }
    @Override
    public Object getItem(int position) {
      //返回 ListView Item 条目代表的对象
      return names[position];
    }
    @Override
    public long getItemId(int position) {
      //返回 ListView Item 的 id
      return position;
    }
    @Override
    public View getView(int position, View convertView, ViewGroup parent) {
      //将 list_item.xml 文件找出来并转换成 View 对象
      View view = View.inflate(MainActivity.this, R.layout.list_item, null);
      //找到 list_item.xml 中创建的 TextView
      TextView mTextView = (TextView)view.findViewById(R.id.tv_list);
      mTextView.setText(names[position]);
      ImageView imageView = (ImageView)view.findViewById(R.id.image);
      imageView.setBackgroundResource(icons[position]);
      return view;
    }
  }
}
```


上述代码第 20 ~ 49 行定义了 MyBaseAdapter 类,是用来适配数据到 ListView 的,它继承自 BaseAdapter 并实现了 getCount( )、getItem( )、getItemId( )、getView( )这 4 个方法。其中,getView( )方法中调用了 View. inflate( )方法,这个方法的作用是将 List_item 布局找出来。只有在找出了布局之后,才能调用 findViewById( )的方法去找到控件。

(4)运行程序,查看运用

运行程序,界面效果如图 7-4 所示。从图 7-4 中可以看出 Android 应用市场程序将一组图片和一个字符数组设置到了 ListView 里。需要注意的是,在使用 ListView 控件时，需要设置 Adapter 捆绑数据。

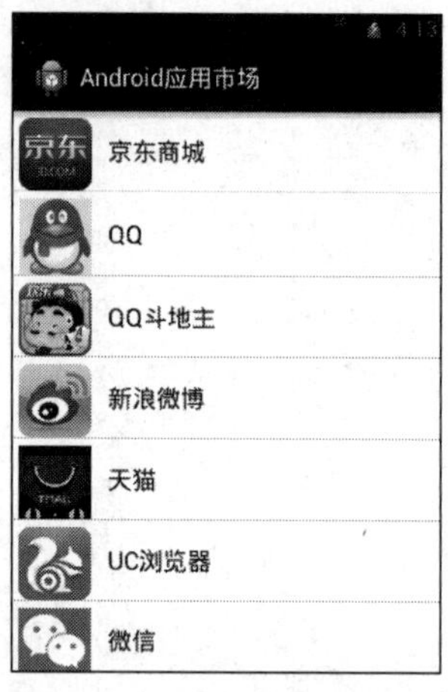

图 7-4　Android 应用市场运行界面

7.4　商品列表功能实现

商品列表是商城一个非常核心的功能，它通过列表向用户简单介绍商品信息。用户需要详细了解某商品时，只需点击对应的商品即可查看商品的详细信息。结合前面介绍的 ListView，下面我们来实现商品列表功能。

(1)布局文件开发

首先完成首页布局文件。打开 fg_home.xml，添加一个 ListView，代码如下：

```
<RelativeLayout xmlns:android="http://schemas.android.com/apk/res/android"
  android:layout_width="match_parent"
  android:layout_height="match_parent" >
  <!--图片滑动控件的代码-->
  <!--显示提示小白点的代码-->
  <!--商品列表-->
  <ListView
    android:id="@+id/listView"
    android:layout_width="match_parent"
    android:layout_height="match_parent"
    android:layout_below="@id/viewPager"/>
</RelativeLayout>
```

接下来需要创建列表布局文件 list_product_item. xml,代码如下:

```
<LinearLayout xmlns:android="http://schemas.android.com/apk/res/android"
  android:layout_width="match_parent"
  android:layout_height="match_parent"
  android:padding="10dp"
  android:orientation="horizontal" >
  <!--商品图片-->
  <ImageView
    android:id="@+id/prduct_img"
    android:layout_width="100dp"
    android:layout_height="100dp"/>
  <LinearLayout
    android:layout_width="match_parent"
    android:layout_height="100dp"
    android:orientation="vertical">
    <!--商品名称-->
    <TextView
      android:id="@+id/txt_product_name"
      android:layout_width="match_parent"
      android:gravity="center_vertical"
      android:layout_height="50dp"
      android:textSize="24sp"/>
    <!--商品价格-->
    <TextView
      android:id="@+id/txt_product_price"
      android:layout_width="match_parent"
      android:layout_height="50dp"
      android:gravity="center_vertical"
      android:textColor="@color/red"
      android:textSize="24sp"/>
  </LinearLayout>
</LinearLayout>
```

(2)新建适配器

在 com. lemall. adapter 中新建适配器 ProductAdapter. java,代码如下:

```
public class ProductAdapter extends BaseAdapter {
  private Context context;
```

```
  private ArrayList<Product> products;//保存商品的数组
  public ProductAdapter(Context context) {
    this.context = context;
  }
  //设置数组
  public void setProducts(ArrayList<Product> products) {
    this.products = products;
  }
  @Override
  public int getCount() {
    return products.size();
  }
  @Override
  public Object getItem(int arg0) {
    return products.get(arg0);
  }
  @Override
  public long getItemId(int arg0) {
    return arg0;
  }
  @Override
  public View getView(int position, View v, ViewGroup parent) {
    ViewHolder holder = null;
    if(v==null){
      v = LayoutInflater.from(context).inflate(R.layout.list_product_item,
parent, false);
      holder = new ViewHolder();
      holder.txt_product_name = (TextView) v.findViewById(R.id.txt_product_
name);
      holder.txt_product_price = (TextView) v.findViewById(R.id.txt_product_
price);
      holder.product_img = (ImageView) v.findViewById(R.id.prduct_img);
      v.setTag(holder);
    }else{
      holder = (ViewHolder) v.getTag();
    }
```

```
    holder.txt_product_name.setText(products.get(position).getProName());
    holder.txt_product_price.setText(products.get(position).getPrice()+"");
    holder.product_img.setImageResource(products.get(position).getImgId());
    return v;
  }
  private class ViewHolder{
    TextView txt_product_name;
    TextView txt_product_price;
    ImageView product_img;
  }
}
```

(3)商品列表功能实现

①打开 HomeFragment. java,声明变量,代码如下:

```
private ArrayList<Product> products;//保存商品信息的数组
private ListView listView;
private ProductAdapter adapter;
private FragmentManager fManager;
```

②添加构造方法 HomeFragment(HomeFragment),初始化 FragmentManager,代码如下:


```
public HomeFragment(FragmentManager fManager) {
    this.fManager = fManager;
}
```

③在 onCreateView()方法中初始化 ListView 并为其绑定点击事件,代码如下:

```
@Override
public View onCreateView(LayoutInflater inflater, ViewGroup container,
    Bundle savedInstanceState) {
  View view = inflater.inflate(R.layout.fg_home, container, false);
  //图片切换代码
  //......
  //获取商品列表数据
  initData();
  //初始化 ListView
  listView = (ListView) view.findViewById(R.id.listView);
  adapter = new ProductAdapter(getActivity());
  //传递数组
```

```
    adapter.setProducts(products);
    listView.setAdapter(adapter);
    //绑定监听事件
    listView.setOnItemClickListener(new MyItemClickListener());
    return view;
}
```

④获取数据。在 initData( )方法中,从 Intent 中取出保存的数据,代码如下:

```
private void initData(){
    products = (ArrayList<Product>) getActivity().getIntent().getSerializableExtra
("proList");
}
```

⑤在 HomeFragment 中新建内部类 MyItemClickListener,该类实现了 OnItemClickListener 接口,代码如下:

```
private class MyItemClickListener implements OnItemClickListener{
    @Override
    public void onItemClick(AdapterView<?> parent, View view, int position,
            long id) {
        Toast.makeText(getActivity(), "您点击了"+products.get(position).getProName()
+"商品", Toast.LENGTH_LONG).show();
    }
}
```


保存项目,在模拟器中运行效果如图 7-5 所示。

图 7-5　商品列表效果

【小结】

本项目主要介绍了 ListView 控件和适配的基本知识。ListView 在实际开发中可以实现很多功能,例如电子商城中的购物车、网易新闻客户端等。

项目 8
商品详情功能实现

【学习目标】

- 掌握复杂界面布局
- 掌握使用 Intent 传递复杂数据

8.1 使用 Intent 传递复杂数据

我们知道使用 Intent 可以在不同的活动之间传递简单数据，但对于一些复杂数据（比如 List、Object 等），我们该如何处理呢？本项目就来学习一下使用 Intent 传递复杂数据。

8.1.1 传递 List 集合

传递 List<String>的方法：

```
ArrayList<String> info = new ArrayList<String>();
info.add(name);
info.add(website);
info.add(weibo);
Intent intent = new Intent(MainActivity.this, ResultActivity.class);
intent.putStringArrayListExtra("infoList", info);
startActivity(intent);
```

接收 List<String>的方法：

```
ArrayList<String> infoList = new ArrayList<String>();
infoList = getIntent().getStringArrayListExtra("infoList");
```

传递 List<Integer>的方法：

```
intent.putIntegerArrayListExtra(key, list);
```

接收 List<Integer>的方法:

```
list =(ArrayList<Integer>) getIntent().getIntegerArrayListExtra(key);
```

8.1.2 传递 Object 对象

有两种方式来传递 Object,分别是让 Object 实现 Serializable 接口或 Parcelable 接口。

(1)使用 Serializable 方式

用 Serializable 方式传递 Object 的语法:bundle. putSerializable(key,object);

用 Serializable 方式接收 Object 的语法:object=(Object) getIntent(). getSerializable-Extra(key);

这里需要注意 Object 需要实现 Serializable 接口,实现 Serializable 接口就是把对象序列化,然后再传输,和 Java 的常用编程没什么明显区别,而且 Object 不需要明显改变,推荐使用这种方式。

首先,Object 实现 Serializable 接口,代码如下:


```
public class SerInfo implements Serializable {
  private String name;
  private String website;
  private String weibo;
  public SerInfo(){}
  //省略 set 和 get 方法
}
```

用 Serializable 方式传递 Object,代码如下:

```
SerInfo serInfo = new SerInfo(name, website, weibo);
Intent intent = new Intent();
intent.setClass(MainActivity.this, ResultActivity.class);
Bundle bundle = new Bundle();
bundle.putSerializable("serinfo", serInfo);
intent.putExtras(bundle);
startActivity(intent);
```

用 Serializable 方式接收 Object,代码如下:

```
SerInfo serInfo = (SerInfo) getIntent().getSerializableExtra("serinfo");
```

(2)使用 Parcelable 方式

用 Parcelable 方式传递 Object 的语法:bundle. putParcelable(key,object);

用 Parcelable 方式接收 Object 的语法:object=(Object) getIntent(). getParcelable-Extra(key);

Parcel 是 Android 提供的一种新的类型,被用作封装数据的容器,封装后的数据可以通过 Intent 或 IPC 传递。除了基本类型以外,只有实现了 Parcelable 接口的类才能被放入 Parcel 中。

实现 Parcelable 接口需要实现三个方法:

①writeToParcel 方法:该方法将类的数据写入外部提供的 Parcel 中。

②describeContents 方法:直接返回 0 就可以。

③静态的 Parcelable. Creator<T>接口。本接口实现从 in 中创建出类的实例的功能。

首先,object 需要实现 Parcelable 接口,故重写 describeContents()、writeToParcel(Parcel dest, int flags)、newArray(int size)方法,代码如下:

```
public class ParInfo implements Parcelable{
  private String name;
  private String website;
  private String weibo;
  @Override
  public int describeContents() {
    // TODO Auto-generated method stub
    return 0;
  }
  //该方法将类的数据写入外部提供的 Parcel 中.
  @Override
  public void writeToParcel(Parcel dest, int flags) {
    dest.writeString(name);
    dest.writeString(website);
    dest.writeString(weibo);
  }
  public static final Parcelable.Creator<ParInfo> CREATOR = new Creator<ParInfo>
() {
    //实现从 source 中创建出类的实例的功能
    @Override
    public ParInfo createFromParcel(Parcel source) {
      ParInfo parInfo = new ParInfo();
```

```
        parInfo.name = source.readString();
        parInfo.website= source.readString();
        parInfo.weibo = source.readString();
        return parInfo;
      }
      //创建一个类型为 T,长度为 size 的数组
      @Override
      public ParInfo[] newArray(int size) {
        return new ParInfo[size];
      }
    };
    //省略 set 和 get 方法
  }
```

用 Parcelable 方式传递 Object,代码如下:

```
ParInfo parInfo = new ParInfo(name, website, weibo);
Intent intent = new Intent();
Bundle bundle = new Bundle();
bundle.putParcelable("parinfo", parInfo);//这里调用了 writeToParcel 方法,向 dest 写数据
intent.setClass(MainActivity.this, ResultActivity.class);
intent.putExtras(bundle);
startActivity(intent);
```


用 Parcelable 方式接收 Object,代码如下:

```
//这里调用了 UsercreateFromParcel 方法,返回 ParInfo 实例
ParInfo parInfo = (ParInfo) getIntent().getParcelableExtra("parinfo");
```

(3)传递 List<Object>

传递 List<Object>的方法:

```
ArrayList<SerInfo> listObj = new ArrayList<SerInfo>();
SerInfo serInfo1= new SerInfo(name, website, weibo);
SerInfo serInfo2= new SerInfo(name, website, weibo);
listObj.add(serInfo1);
listObj.add(serInfo2);
Intent intent = new Intent();
intent.setClass(MainActivity.this, ResultActivity.class);
intent.putExtra("listobj", (Serializable) listObj);
startActivity(intent);
```

接收 List<Object>的方法：

```
ArrayList<SerInfo> listObj = (ArrayList<SerInfo>)
getIntent().getSerializableExtra("listobj");
```

8.2 商品详情功能实现

首先，我们要将点击的商品信息传递到下一个页面。打开 HomeFragment. java，找到 MyItemClickListener 类，重写方法 onItemClick( )，代码如下：

```
private class MyItemClickListener implements OnItemClickListener{
    @Override
    public void onItemClick(AdapterView<?> parent, View view, int position,
        long id) {
      FragmentTransaction fTransaction = fManager.beginTransaction();
      ProductFragment pFragment = new ProductFragment(fManager);
      //通过 Intent 传递点击的 Product
      Bundle bundle = new Bundle();
      bundle.putSerializable("product", products.get(position));
      pFragment.setArguments(bundle);
      //页面跳转
      fTransaction.replace(R.id.ly_content, pFragment);
      fTransaction.addToBackStack(null);
      fTransaction.commit();
    }
}
```


接下来我们来完成商品详情界面的开发。新建布局文件 fg_product. xml，这个布局文件有些复杂，我们将布局文件拆分为 4 部分来完成，代码如下：

```
<RelativeLayout xmlns:android="http://schemas.android.com/apk/res/android"
  android:layout_width="match_parent"
    android:layout_height="match_parent" >
    <!--页标题-->
    <!--商品图片、名称、价格和库存-->
    <!--商品详情-->
```

```
    <!--加入购物车按钮-->
</RelativeLayout>
```

页标题主要显示一个返回图标和“商品详情”字样,代码如下:

```
<!--页标题-->
<LinearLayout
  android:id="@+id/top_bar"
  android:layout_width="match_parent"
  android:layout_height="40dp"
  android:orientation="horizontal">
  <ImageView
    android:id="@+id/img_back"
    android:layout_width="40dp"
    android:layout_height="40dp"
    android:src="@drawable/back_arrow"/>
  <TextView
    style="@style/txt_page_title"
    android:text="商品详情"/>
</LinearLayout>
```


商品图片、名称、价格和库存放在一个线性布局文件中,分为左右两部分,代码如下:

```
<!--商品图片、名称、价格和库存-->
<LinearLayout
  android:id="@+id/into_bar"
  android:layout_width="match_parent"
  android:layout_height="200dp"
  android:layout_margin="10dp"
  android:layout_below="@id/top_bar"
  android:orientation="horizontal">
  <!--商品图片-->
  <ImageView
    android:id="@+id/img_product"
    android:layout_width="160dp"
    android:layout_height="160dp"/>
  <LinearLayout
    android:layout_width="match_parent"
    android:layout_height="match_parent"
```

```
android:orientation="vertical">
<!--商品名称-->
<LinearLayout
  android:layout_width="match_parent"
  android:layout_height="40dp"
  android:layout_marginTop="10dp"
  android:orientation="horizontal">
  <TextView
    android:id="@+id/txt_name"
    android:layout_width="match_parent"
    android:layout_height="match_parent"
    android:layout_marginTop="10dp"/>
</LinearLayout>
<!--商品价格-->
<LinearLayout
  android:layout_width="match_parent"
  android:layout_height="40dp"
  android:layout_marginTop="10dp"
  android:orientation="horizontal">
  <TextView
    android:layout_width="wrap_content"
    android:layout_height="match_parent"
    android:text="价格: ¥"/>
  <TextView
    android:id="@+id/txt_price"
    android:layout_width="match_parent"
    android:layout_height="match_parent"/>
</LinearLayout>
<!--商品库存-->
<LinearLayout
  android:layout_width="match_parent"
  android:layout_height="40dp"
  android:layout_marginTop="10dp"
  android:orientation="horizontal">
  <TextView
    android:layout_width="wrap_content"
    android:layout_height="match_parent"
```

```
        android:text="商品库存:"/>
      <TextView
        android:id="@+id/txt_num"
        android:layout_width="match_parent"
        android:layout_height="match_parent"/>
    </LinearLayout>
  </LinearLayout>
</LinearLayout>
```

商品详情和加入购物车分别为一个 TextView 和 Button,代码如下:

```
<!--商品详情-->
  <TextView
    android:id="@+id/txt_intro"
    android:layout_width="match_parent"
    android:layout_height="wrap_content"
    android:layout_margin="10dp"
    android:layout_below="@id/into_bar"/>
  <!--加入购物车按钮-->
  <Button
    android:id="@+id/btn_addCart"
    android:layout_width="match_parent"
    android:layout_height="40dp"
    android:textColor="@color/white"
    android:background="@color/red"
    android:layout_alignParentBottom="true"
    android:text="加入购物车"/>
```

有了界面,接下来就是功能的实现了。新建碎片 ProductFragment,该类需要实现 OnClickListener 接口,代码如下:

```
public class ProductFragment extends Fragment implements OnClickListener{
  private View view;
  private TextView txt_name, txt_price, txt_num, txt_intro;
  private Button btn_addCart;
  private ImageView img_product, img_back;
  private Product product;
  private FragmentManager fManager;
  public ProductFragment(FragmentManager fManager) {
    this.fManager=fManager;
```

```
  }
  @Override
  public View onCreateView(LayoutInflater inflater, ViewGroup container,
      Bundle savedInstanceState) {
    //创建视图
    view = inflater.inflate(R.layout.fg_product, container, false);
    //获取传递过来的商品数据
    getProduct();
    //初始化视图
    initView();
    return view;
  }
  //getProduct()代码
  //initView()代码
  @Override
  public void onClick(View v) {
    //处理点击事件
    }
  }
}
```


我们利用 ProductFragment 的构造函数将 FragmentManager 传递进来,声明了两个私有方法 getProduct( )和 initView( )。前者获取上一个页面传递过来的商品数据,后者负责初始化控件并将商品数据显示在界面上。

getProduct( )代码如下:

```
private void getProduct() {
  Bundle bundle = getArguments();
  //获取 Bundle 对象中保存的商品信息
  product = (Product) bundle.getSerializable("product");
}
```

initView( )代码如下:

```
private void initView() {
  txt_name = (TextView) view.findViewById(R.id.txt_name);
  txt_price = (TextView) view.findViewById(R.id.txt_price);
  txt_num = (TextView) view.findViewById(R.id.txt_num);
  txt_intro = (TextView) view.findViewById(R.id.txt_intro);
```

```
  img_back = (ImageView) view.findViewById(R.id.img_back);
  img_product = (ImageView) view.findViewById(R.id.img_product);
  btn_addCart = (Button) view.findViewById(R.id.btn_addCart);
  //赋值
  txt_name.setText(product.getProName());
  txt_num.setText(product.getPrice()+"");
  txt_price.setText(product.getPrice()+"");
  txt_intro.setText(product.getDetail());
  img_product.setImageResource(product.getImgId());
  //给按钮绑定监听事件
  img_back.setOnClickListener(this);
  btn_addCart.setOnClickListener(this);
}
```

最后重写 onClick()方法,代码如下:

```
@Override
public void onClick(View v) {
  switch (v.getId()) {
  case R.id.img_back:
    //返回上一界面
    fManager.popBackStack();
    break;
  case R.id.btn_addCart:
    //加入购物车
    Toast.makeText(getActivity(), "添加成功!",
    Toast.LENGTH_LONG).show();
    break;
  }
}
```


保存项目,在模拟器中运行,当我们点击商品列表上的商品时,系统会将商品详情展示出来,效果如图 8-1 所示。

图 8-1 商品详情页面

【小结】

本项目介绍了使用 Intent 传递复杂数据的方式,希望同学们能够掌握。

项目 9
购物车功能实现

【学习目标】

- 掌握在 sharedPreferences 保存集合数据
- 了解 JSON 数据格式
- 了解开源项目 GSON

9.1 JSON 简介

JSON(JavaScript Object Notation)是一种文本形式的数据交换格式,它比 XML 更轻量,比二进制更容易阅读和编写,同时也易于机器解析和生成。

JSON 以一种特定的字符串形式来表示 JavaScript 对象。如果将具有这样一种形式的字符串赋给任意一个 JavaScript 变量,那么该变量会变成一个对象引用,而这个对象就是字符串所构建出来的。下面还是用实例来说明。

这里假设我们需要创建一个 User 对象,并具有以下属性:用户 ID、用户名、用户 Email。可以使用以下 JSON 形式来表示 User 对象:

```
{"UserID":11, "Name":"Truly", "Email":"zhuleipro◎hotmail.com"};
```

归纳一下:对象是属性、值对的集合。一个对象开始于"{",结束于"}"。每一个属性名和值间用":"提示,属性间用","分隔。

9.2 GSON 简介

GSON 是 Google 提供的用来在 Java 对象和 JSON 数据之间进行映射的 Java 类库。可以将一个 JSON 字符串转成一个 Java 对象,反之也可。

通过 Gson 可以解决以下问题：

①提供一种像 toString( )和构造方法的很简单的机制，来实现 Java 对象和 JSON 之间的互相转换。

②允许已经存在的无法改变的对象转换成 JSON，或者 JSON 转换成已存在的对象。

③允许自定义对象的表现形式。

④支持任意的复杂对象。

⑤能够生成可压缩和可读的 JSON 的字符串输出。

9.3 GSON 使用

下面用实例来说明 GSON 是如何完成和其他数据类型的转换的。

首先，在使用 GSON API 工作之前，我们需要下载库(jar 文件)，并将其包含到类路径中。

创建实体类 Person. java，代码如下：

```
public class Person {
  private String name;
  private int age;
  //省略 set 和 get 方法
}
```


①List<Object>转换成 JSON，代码如下：

```
Gson gson = new Gson();
List<Person> persons = new ArrayList<Person>();
for (int i =0; i <10; i++) {
  Person p = new Person();
  p.setName("name" + i);
  p.setAge(i * 5);
  persons.add(p);
}
String str = gson.toJson(persons);
```

上面的代码重点是 GSON 对象，它提供了 toJson( )方法来将对象转换成 JSON 字符串。

②JSON 转换成 Object，比如 JSON 字符串为：[{"name":"name0","age":0}]，代码如下：

```
Person person = gson.fromJson(str, Person.class);
```

代码中的两个参数,分别是 JSON 字符串以及需要转换对象的类型。

③JSON 转换成 List<Object>,代码如下:

```
List<Person> ps = gson.fromJson(str, new TypeToken<List<Person>>(){}.getType());
for(int i =0; i < ps.size() ; i++) {
  Person p = ps.get(i);
  System.out.println(p.toString());
}
```

可以看到上面的代码使用了 TypeToken,它是 GSON 提供的数据类型转换器,可以支持各种数据集合类型转换。

9.4　购物车功能实现

购物车中至少需要保存商品名称、商品价格和商品数量。sharedPreferences 是 Android 平台上一个轻量级的存储类,主要用于存储一些应用程序的配置参数,例如用户名、密码、自定义参数等。需要注意的是,sharedPreferences 中只能存储 float、int、long、boolean、String、StringSet 类型数据。而购物车中需要保存一系列商品信息(List),GSON 可以帮助我们将 List 转换成 String 类型。

首先,新建工具类 SharedPreferencesUtil. java,用于完成将购物车中商品列表保存和读取。代码如下:

```
public class SharedPreferencesUtil {
  private static SharedPreferences sp;
  private Editor editor;
  //构造函数传入应用程序上下文和 SharedPreferences 保存数据的 key
  public SharedPreferencesUtil(Context mContext, String preferenceName) {
    sp = mContext.getSharedPreferences(preferenceName, Context.MODE_PRIVATE);
    editor = sp.edit();
  }
  //从 SharedPreferences 中获取 List
  public <T> List<T> getListObject(String key, Class<T> cls) {
    List<T> list = new ArrayList<T>();
    //获取 SharedPreferences 中保存的 json 格式的数据
```

```
    String jsonString = sp.getString(key, null);
    if(jsonString! =null){
      try {
        //实例化 Gson 对象
        Gson gson = new Gson();
        JsonArray arry = new JsonParser().parse(jsonString).getAsJsonArray();
        for (JsonElement jsonElement : arry) {
          list.add(gson.fromJson(jsonElement, cls));
        }
      } catch (Exception e) {
        e.printStackTrace();
      }
      return list;
    }
    return null;
  }
  //将 List 保存到 SharedPreferences 中
  public <T> void saveListObject(String key, List<T> list) {
    if (null = = list || list.size() < =0)
      return;
    Gson gson = new Gson();
    //将 List 转换成 json 格式数据
    String json = gson.toJson(list);
    editor.clear();
    //保存数据
    editor.putString(key, json);
    editor.commit();
  }
}
```


我们单击“加入购物车”按钮,系统系统提示我们“添加成功!”,现在我们将商品信息保存到 sharedPreferences 中。打开 ProductFragment. java,找到 onClick( )方法,添加如下代码:

```
@Override
  public void onClick(View v) {
    switch (v.getId()) {
    case R.id.img_back:
```

```
        fManager.popBackStack();
        break;
      case R.id.btn_addCart:
        SharedPreferencesUtil spu = new SharedPreferencesUtil(getActivity(), "pro-
List");
        //将当前商品保存到 SharedPreferences
        List<Product> proList = spu.getListObject("proList", Product.class);
        if(proList! =null){
          proList.add(product);
          spu.saveListObject("proList", proList);
        }else{
          proList = new ArrayList<Product>();
          proList.add(product);
          spu.saveListObject("proList", proList);
        }
        Toast.makeText(getActivity(), "添加成功!", Toast.LENGTH_LONG).show();
        break;
      }
    }
```

有了数据后,我们来完成购物车界面的开发。首先打开 fg_cart.xml,在该布局文件中添加 listView 用于显示购物车中的商品,代码如下:

```
<RelativeLayout xmlns:android="http://schemas.android.com/apk/res/android"
  android:layout_width="match_parent"
  android:layout_height="match_parent">
  <TextView
    android:id="@+id/txt_title_cart"
    style="@style/txt_page_title"
    android:text="购物车"/>
  <ListView
    android:id="@+id/cart_list"
    android:layout_width="match_parent"
    android:layout_height="match_parent"
    android:layout_below="@id/txt_title_cart"/>
  <LinearLayout
    android:layout_width="match_parent"
    android:layout_height="40dp"
```

```
    android:layout_alignParentBottom="true"
    android:orientation="horizontal">
    <TextView
      android:id="@+id/txt_total_price"
      android:layout_width="0dp"
      android:layout_weight="2"
      android:layout_height="match_parent"
      android:text="合计:¥0.0"/>
    <Button
      android:id="@+id/btn_account"
      android:layout_width="0dp"
      android:layout_weight="1"
      android:layout_height="match_parent"
      android:background="@color/red"
      android:textColor="@color/white"
      android:text="结算"/>
  </LinearLayout>
</RelativeLayout>
```

创建 ListView 的布局文件 list_cart_item.xml,代码如下:


```
<LinearLayout xmlns:android="http://schemas.android.com/apk/res/android"
  android:layout_width="match_parent"
  android:layout_height="match_parent"
  android:orientation="horizontal" >
  <ImageView
    android:id="@+id/img_product"
    android:layout_width="80dp"
    android:layout_height="80dp"
    android:layout_marginLeft="10dp"/>
  <LinearLayout
    android:layout_width="0dp"
    android:layout_weight="2"
    android:layout_height="80dp"
    android:layout_marginLeft="10dp"
    android:orientation="vertical">
    <TextView
      android:id="@+id/txt_name"
```

```
        android:layout_width="120dp"
        android:layout_height="40dp"
        android:gravity="center_vertical"/>
    <TextView
        android:id="@+id/txt_price"
        android:layout_width="120dp"
        android:layout_height="40dp"
        android:gravity="center_vertical"/>
  </LinearLayout>
  <LinearLayout
    android:layout_width="0dp"
    android:layout_weight="1"
    android:layout_height="80dp"
    android:orientation="horizontal">
    <ImageView
        android:id="@+id/img_add"
        android:layout_width="20dp"
        android:layout_height="20dp"
        android:layout_gravity="center_vertical"
        android:src="@drawable/add"/>
    <TextView
        android:id="@+id/txt_num"
        android:layout_width="20dp"
        android:layout_height="20dp"
        android:layout_gravity="center_vertical"
        android:gravity="center"/>
    <ImageView
        android:id="@+id/img_reduce"
        android:layout_width="20dp"
        android:layout_height="20dp"
        android:layout_gravity="center_vertical"
        android:src="@drawable/reduce"/>
  </LinearLayout>
</LinearLayout>
```

创建 ListView 的适配器 CartAdapter. java，代码如下：

```
public class CartAdapter extends BaseAdapter {
  //声明变量
  private List<Product> proList;
```

```
    private Context context;
    private Map<Integer, Integer> quantitymap;//用于保存商品数量
    public CartAdapter(Context context, List<Product> proList) {
      this.context = context;
      this.proList = proList;
      quantitymap = new HashMap<Integer, Integer>();
      for (int i =0; i < proList.size(); i++) {
        quantitymap.put(i,1);
      }
    }
    @Override
    public int getCount() {
      return proList.size();
    }
    @Override
    public Object getItem(int arg0) {
      return proList.get(arg0);
    }
    @Override
    public long getItemId(int arg0) {
      return arg0;
    }
    @Override
    public View getView(final int position, View convertView, ViewGroup parent) {
      ViewHolder holder;
      final int q = quantitymap.get(position);
      if(convertView = = null){
        holder = new ViewHolder();
        convertView = LayoutInflater.from(context).inflate(R.layout.list_cart_
item, null);
        holder.img_product = (ImageView) convertView.findViewById(R.id.img_prod-
uct);
        holder.img_add = (ImageView) convertView.findViewById(R.id.img_add);
        holder.img_reduce = (ImageView) convertView.findViewById(R.id.img_reduce);
        holder.txt_name = (TextView) convertView.findViewById(R.id.txt_name);
        holder.txt_num = (TextView) convertView.findViewById(R.id.txt_num);
```

```
        holder.txt_price = (TextView) convertView.findViewById(R.id.txt_price);
        //将视图存储起来,用于重复使用
        convertView.setTag(holder);
      }else{
        holder = (ViewHolder) convertView.getTag();
      }
      //绑定数据及事件
    holder.img_product.setBackgroundResource(proList.get(position).getImgId());
      holder.txt_name.setText(proList.get(position).getProName());
      holder.txt_price.setText(proList.get(position).getPrice()+"");
      holder.txt_num.setText(q+"");
      holder.img_add.setOnClickListener(new OnClickListener() {
        @Override
        public void onClick(View arg0) {
          quantitymap.put(position, q+1);
          notifyDataSetChanged();
        }
      });
      holder.img_reduce.setOnClickListener(new OnClickListener() {
        @Override
        public void onClick(View arg0) {
          if((q-1)>0){
            quantitymap.put(position, (q-1));
          }else{
            quantitymap.put(position,0);
          }
          notifyDataSetChanged();
        }
      });
      return convertView;
    }
    private class ViewHolder{
      ImageView img_product, img_add, img_reduce;
      TextView txt_name, txt_price, txt_num;
    }
}
```

打开 CartFragment. java,修改代码如下:

```
public class CartFragment extends Fragment {
  private List<Product> proList;//购物车中商品
  private ListView listView;
  private CartAdapter adapter;
  private SharedPreferencesUtil spu;
  private TextView txt_total_price;
  private Button btn_account;
  private float total_price =0;//总价格
  private View view;
  @Override
  public View onCreateView(LayoutInflater inflater, ViewGroup container,
      Bundle savedInstanceState) {
    view = inflater.inflate(R.layout.fg_cart, container, false);
    //获取购物车中的商品信息
    initData();
    //初始化控件
    initView();
    return view;
  }
  private void initView() {
    txt_total_price = (TextView) view.findViewById(R.id.txt_total_price);
    btn_account = (Button) view.findViewById(R.id.btn_account);
    listView = (ListView) view.findViewById(R.id.cart_list);
    adapter = new CartAdapter(getActivity(), proList);
    listView.setAdapter(adapter);
  }
  private void initData() {
    //从 sharedpreferences 获取商品列表
    spu = new SharedPreferencesUtil(getActivity(), "proList");
    proList = spu.getListObject("proList", Product.class);
    Log.i("proList", proList.toString());
  }
}
```

保存项目,在模拟器中运行。在商品详情页面将商品加入购物车,然后在购物车页面中就可以查看添加的商品,当然也可以修改商品数量。效果如图 9-1 所示。

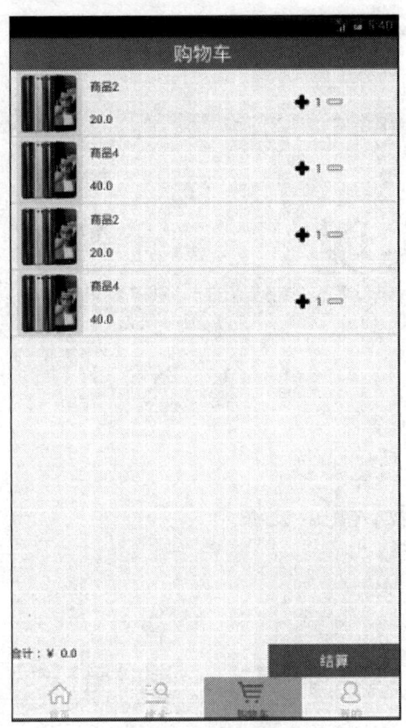

图 9-1　购物车界面

【小结】

本项目介绍了 Android 开源项目 GSON,并使用 GSON 完成了购物车中商品信息的保存。

项目 10
查询功能实现

【学习目标】

- 学会 SQLite 数据库的基本操作
- 学会使用 ListView 控件展示数据

10.1 SQLite 数据库简介

SQLite 是一个轻量级的数据库,第一个版本诞生于 2000 年 5 月。它最初是为嵌入式设计的,占用资源非常少,在内存中只需要占用几百 KB 的存储空间,这也是 Android 移动设备采用 SQLite 数据库的重要原因之一。

SQLite 是遵守 ACID 关联式的数据库管理系统。这里 ACID 是指数据事务正确执行的 4 个基本要素,即原子性(Atomicity)、一致性(Consistency)、隔离性(Isolation)、持久性(Durability)。SQLite 还支持 SQL 语言、事务处理等功能。

SQLite 没有服务器进程,它通过文件保存数据。该文件是跨平台的,可以放在其他平台中使用。在保存数据时,SQLite 支持 NULL、INTEGER、REAL(浮点数字)、TEXT(字符串文本)和 BLOB(二进制对象)5 种数据类型。实际上,SQLite 也接受 varchar(n)、char(n)、decimal(p、s)等数据类型,只不过在运算或者保存时会转换成对应的 5 种数据类型,因此,可以将各种类型的数据保存到任何字段中,而不用关心字段声明的数据类型,这也是 SQLite 数据库的最大特点。

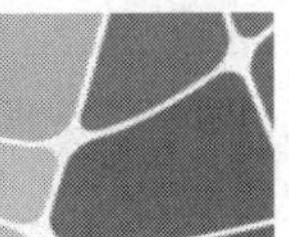

10.2　SQLite 数据的使用

10.2.1　SQLite 操作 API

为了方便使用 SQLite 数据库，Android SDK 提供了一系列对数据库进行操作的类和接口，接下来针对这些的类的接口进行简单介绍。

（1）SQLiteOpenHelper 类

SQLiteOpenHelper 是一个抽象类，该类用于创建数据库和数据库版本更新。SQLiteOpenHelper 常用的方法如表 10-1 所示。

表 10-1　SQLiteOpenHelper 常用方法

方法名称	功能描述
public SQLiteOpenHelper（Context context, String name, CursorFactory factory, int version）	构造方法，一般需要传递一个创建的数据库名称，即 name 参数，版本号 version 最小为 1
public void onCreate（SQLiteDatabase db）	创建数据库是调用的方法
public void onUparde（SQLiteDatabase db, int oldVersion, int newVersion）	数据库版本更新时调用
public SQLiteDatabase getReadableDatabase（）	创建或打开一个只读的数据库
public SQLiteDatabase getWritableDatabase（）	创建或打开一个只读的数据库

（2）SQLiteDatabase 类

SQLiteDatabase 是一个数据库访问类，该类封装了一系列数据库操作的 API，可以对数据库进行增、删、改、查等操作。SQLiteDatabase 操作数据库的常用方法如表 10-2 所示。

表 10-2　SQLiteDatabase 常用方法

方法名称	功能描述
public long inert（String table, String nullColumnHack, ContentValues values）	该方法用于添加一条记录，其参数 table 代表表名，nullColmnHack 代表列名，values 代表参数集合
public Cursor qurey（String table, string[] columns, String selection, String[] selectionArgs, String groupBy, String having, String orderBy）	该方法用于查询数据，其参数 columns 代表列名数据，selection 代表查询条件，selectionArgs 代表查询参数值，groupBy 代表分组，having 代表聚合函数，orderBY 代表排序

续表

方法名称	功能描述
public Cursor rawQuery(String sql,String[ ] selectionArgs)	执行带占位符的 SQL 查询
public int update(String table,ContentValues values,String whereClause,String[ ] whereArgs)	修改特定数据
public int delete(String table,String whereClause,String[ ] whereArgs)	删除表中特定记录
public void execSQL(String sql,Object[ ] bindArgs)	执行一条带占位符的 SQL 语句
public void close()	关闭数据库

(3)Cursor 接口

Cursor 是一个游标接口,在数据库操作中作为返回值,相当于结果集 ResultSet。Cursor 的一些常见方法如表 10-3 所示。

表 10-3 Cursor 常用方法

方法名称	功能描述
Boolean moveToNext()	移动光标到下一行
Int getInt(int columnIndex)	获取指定列的整型值
Int getColumnIndex(String columnName)	返回指定列索引值,如果列不存在,则返回-1
String getString(int columnIndex)	获取指定列的字符串
Boolean moveToFirst()	移动光标到第一行
Boolean moveLast();	移动光标到最后一行
Boolean moveToPrevious();	移动光标到上一行
Boolean moveToPosition(int position)	移动光标到指定位置
Int getCount()	返回 Cursor 中的行数
Int getPosition()	返回当前 Cursor 的位置
String getColumnName(int columnIndex)	根据列的索引值获取列的名称
String[ ] getColumnNames();	获取 Cursor 所有列的名称的数值

以上就是 Android SDK 提供操作 SQLite 数据的一些类和接口及其常用方法。掌握这些类和方法,可以更快速地操作 SQLite 数据库。

10.2.2 数据库的常用操作

前面介绍了 Android SDK 提供的一系列操作 SQLite 数据库的 API,接下来将针对如何使用上述 API 操作 SQLite 数据库进行详细讲解。

(1)创建 SQLite 数据库

Android 系统推荐使用 SQLiteOpenHelper 的子类创建 SQLite 数据库,因此需要创建一个类继承自 SQLiteOpenHelper,重写 onCreate()方法并在该方法中执行创建数据库的命令。具体代码如下:

```
public class PersonSQLiteOpenHelper extends SQLiteOpenHelper{
  //数据库的构造方法,用来定义数据库的名称,数据库查询的结果集,数据库的版本
  public PersonSQLiteOpenHelper(Context context){
    super(context,"person.db",null,5);
  }
  //数据库第一次被创建时调用该方法
  public void onCreate(SQLiteDatabase db){
    //初始化数据库的表结构,执行一条建表的 SQL 语句
    db.execSQL("create table person(id integer primary key qutoincrement,"+"name
varchar(20),"+" number varchar(20))");
  }
  //当数据库的版本号增加时调用
  public void onUpgrarde(SQLiteDatabase db,int oldVersion,int newVersion,int new-
Version){
    db.execSQL("alter table person add account varchar(20)");
  }
}
```

上述代码中,创建数据库的 SQL 语句被定义在 onCreate()方法中,当数据库第一次被创建时会自动调用该方法,并执行方法中的 SQL 语句。当数据库版本号增加时会调用 onUpgrade()方法,如果版本号不增加,该方法则不会被调用。需要注意的是,创建的数据库被放置在/data/data/<your package name>/database 目录下。

(2)增加一条数据

前面介绍了如何创建数据库,接下来以 person 表为例介绍如何向表中插入一条数据。在操作数据库之前,首先要得到一个可读写的 SQLiteDatabase 对象,具体代码如下:

```
public long add(String name,String number){
  //拿到一个可以读写的 SQLiteDatabase 对象
```

```
  SQLiteDatabase db=helper.getWritableDatabase();
  //将参数名和列添加到 ContentValues 对象里面
  ContentValues values=new ContentValues();
  values.put("name",name);
  values.put("number",number);
  //插入一天数据到 person 表里
  long id=db.insert("person",null,values);
  //关闭数据库
  db.close();
  return id;
}
```

上述代码介绍了使用 insert( )方法将数据库插入到 person 表中。需要注意的是,第 5 行代码使用 ContentValues 类,该类用于放置参数,它的底层是利用 Map 集合实现的。Key 表示插入数据的列名,values 表示要插入的数据。

除了上述介绍的方法之外,还有一个方法可以实现该功能,具体代码如下:

```
db.execSQL("insert into person(name,number) values (?,?)",new Object[]{name,number});
```

与 insert( )方法不同的是,execSQL( )方法的第一个参数表示将要执行的 SQL 语句,并用占位符表示参数,第二参数表示占位符对应的参数,后面将要讲解的修改数据,删除数据都可以通过该方法完成,只需要修改相应的 SQL 语句即可。

(3)修改一条数据

接下来介绍如何使用 SQLiteDatabase 的 uqdate( )方法修改 person 表中的数据,具体代码如下:

```
//修改一条数据
public int uqdate(String name,String newnumber){
  //获取一个可读写的 SQLiteDatabase 对象
  SQLiteDatabase db=helper.getWritableDatabase();
  //创建一个 ContentValues 对象
  ContentValues values=new ContentValues();
  //将参数以 key,values 的形式添加进去
  values.put("number",newnumber);
  //执行修改的方法
  int number=db.uqdate("person","values","name=?",new String[]{name});
  //关闭数据库
  db.close();
  return number;
}
```

上述代码讲解了如何向 person 表中修改一条数据，需要注意的是，使用完 SQLiteDatabase 对象后一定要关闭，否则数据库连接会一直存在，会不断消耗内存，并且会报出数据库未关闭异常，当系统内存不足时将获取不到 SQLiteDatabase 对象。

(4)删除一条数据

下面介绍如何使用 SQLiteDatabase 的 delete( )方法删除 pesron 表中的数据，具体代码如下：

```
//删除一条数据
public int delete(String name){
  //获取一个可写的 SQLiteDatabase 对象
  SQLiteDatabase db=helper.getWritableDatabase();
  //删除数据
  int number=db.delete("person","values","name=?",new String[]{name});
  //关闭数据库
  db.close();
  return number;
}
```

需要注意的是，删除数据不同于增加和修改数据，删除数据时不需要使用 ContentValues 来添加参数，而是使用一个字符串和一个字符串数组来添加数组参数和参数值。

(5)查询一条数据

查询数据首先要获得一个可读的 SQLiteDatabase 对象。SQLiteDatabase 提供两个用于查询数据的方法，一个是 rawQuery( )，另一个是 query( )。下面讲解通过 query( )方法查询数据，具体代码如下：

```
//查询数据
public boolean find(String name){
  //获取一个可读的 SQLiteDatabase 对象
  SQLiteDatabase db=helper.getWritableDatabase();
  //查询数据库操作　参数 1：表名，参数 2：查询的列名，参数 3：查询条件，
  //参数 4，查询参数值，参数 5：分组条件，参数 6：having 条件，参数 7：排序方式，
  Cursor cursor=db.query("person",null,"name=?",new String[]{name},null,null,
null);
  //是否有下一条值
  boolean result=cursor.moveToNext();
  //关闭游标
  cursor.close;
  //关闭数据库
```

```
  db.close();
  return result;
}
```

上述代码介绍了使用 query( )方法查询 person 表中的数据,接下来介绍使用 rawQuery( )方法查询数据,具体代码如下所示:

```
//执行查询的 SQL 语句
Cursor cursor = db. rawQuery ( " select * from person where name =?", new String [ ]
{name});
```

与前面介绍的增、删、改操作的不同之处是,前面三个的操作都可以用 execSQL( )方法执行 SQL 语句,而这里却使用 rawQuery。这是因为查询数据库会返回一个结果集 Cursor 而 execSQL( )方法没有返回值。

需要注意的是,在使用完 Cursor 对象时,一定要将其及时关闭,否则会造成内存泄露。

10.3 “乐淘商城”数据实施

“乐淘商城”所有数据都保存在数据库 lemall. db3 中。因为是简易版的商城 APP,因此这里只保存最基本的数据。保存数据的三张表分别为:商品表(tb_product)、用户表(tb_user)、订单表(tb_order)。表中字段含义如表 10-4—表 10-6 所示。

表 10-4　商品表(tb_product)

字　段	类　型	是否允许为空	是否键	描　述
_id	Integer	否	主键	商品编号
proName	text	否	否	商品名称
saleCount	Integer	是	否	销售数量
price	text	否	否	商品价格
descript	text	是	否	商品介绍
img_id	text	是	否	商品图片 ID

表 10-5　用户表(tb_user)

字　段	类　型	是否允许为空	是否键	描　述
_id	Integer	否	是	用户编号
username	text	否	否	用户名
password	text	否	否	密码
realname	text	否	否	真实姓名
tel	text	否	否	电话号码
address	text	否	否	家庭住址
zip	text	是	否	邮编
email	text	否	否	邮箱
headimg	text	是	否	头像

表 10-6　订单表(tb_order)

字　段	类　型	是否允许为空	是否键	描　述
_id	Integer	否	主键	订单编号
uid	Integer	否	外键	用户编号
amounts	real	否	否	总金额
time	datetime	否	否	下单时间
tag	Integer	否	否	是否支付

创建 3 张表的的 sql 语句分别为:

```
//创建商品表
create table tb_product(_id integer primary key autoincrement, proName text, sale-
Count intger, price real, descript text, category text, img_hd text, img_md text);
//创建用户表
create table tb_user(_id integer primary key autoincrement, username text, password
text, realname text, tel text, address text, zip text, email text, headimg text);
//创建订单表
create table tb_order(_id integer primary key autoincrement, uid integer, amounts
real, time datetime, tag integer);
```

10.4 查询功能实现

商品查询功能是根据用户输入的关键字到数据库中查询相关商品,如果查询到商品则以列表的形式显示出来。商品显示跟首页中的列表相似,因此可以使用 ProductAapater. java 及 list_product_item. xml 中的代码。

首先完成搜索页面的布局,打开 fg_search. xml,添加代码如下:

```
<LinearLayout xmlns:android="http://schemas.android.com/apk/res/android"
  android:layout_width="match_parent"
  android:layout_height="match_parent"
  android:orientation="vertical" >
  <TextView
    android:id="@+id/txt_title_cart"
    style="@style/txt_page_title"
    android:text="搜索"/>
  <LinearLayout
    android:layout_width="match_parent"
    android:layout_height="40dp"
    android:orientation="horizontal">
    <EditText
      android:id="@+id/et_keywords"
      android:layout_width="0dp"
      android:layout_weight="3"
      android:layout_height="wrap_content"
      android:hint="请输入想要搜索的商品"/>
    <Button
      android:id="@+id/btn_search"
      android:layout_width="0dp"
      android:layout_weight="1"
      android:layout_height="wrap_content"
      android:text="搜索"
      />
  </LinearLayout>
  <ListView
```

```
    android:id="@+id/listView"
    android:layout_width="match_parent"
    android:layout_height="wrap_content"/>
</LinearLayout>
```

然后,创建数据库的工具类 MySQLiteOpenHelper. java,该类主要完成数据库的初始化,代码如下:

```
public class MySQLiteOpenHelper extends SQLiteOpenHelper {
  public MySQLiteOpenHelper(Context context, String name,
      CursorFactory factory, int version) {
    super(context, name, factory, version);
  }
  @Override
  public void onCreate(SQLiteDatabase db) {
    //创建商品表
    db.execSQL("create table tb_product(_id integer primary key autoincrement,
proName text, saleCount intger, price real, descript text, img_id text)");
    //创建用户表
    db.execSQL("create table tb_user(_id integer primary key autoincrement, user-
name text, password text, realname text, tel text, address text, zip text, email
text, headimg text)");
    //创建订单表
    db.execSQL("create table tb_order(_id integer primary key autoincrement, uid
integer, amounts real, time datetime, tag integer)");
  }
  @Override
  public void onUpgrade(SQLiteDatabase arg0, int arg1, int arg2) {
  }
}
```

最后,在 SearchFragment. java 中完成业务逻辑,代码如下:

```
public class SearchFragment extends Fragment {
  private MySQLiteOpenHelper dbHelper;
  private SQLiteDatabase db;
  private ArrayList<Product> products;
  private Button btn_search;
  private EditText et_keywords;
```

```
private ListView listView;
@Override
public void onAttach(Activity activity) {
  super.onAttach(activity);
  dbHelper = new MySQLiteOpenHelper(getActivity(), "lemall.db3", null,1);
  dbHelper.getReadableDatabase();
}
@Override
public View onCreateView(LayoutInflater inflater, ViewGroup container,
    Bundle savedInstanceState) {
  View view = inflater.inflate(R.layout.fg_search, container, false);
  et_keywords = (EditText) view.findViewById(R.id.et_keywords);
  btn_search = (Button) view.findViewById(R.id.btn_search);
  listView = (ListView) view.findViewById(R.id.listView);
  btn_search.setOnClickListener(new OnClickListener() {
    @Override
    public void onClick(View view) {
      String keywords = et_keywords.getText().toString();
      getData(keywords);
      if(products.size()>0){
        ProductAdapter adapter = new ProductAdapter(getActivity());
        adapter.setProducts(products);
        listView.setAdapter(adapter);
      }
    }
  });
  return view;
}
private void getData(String keywords){
  db = dbHelper.getReadableDatabase();
  Cursor c = db.rawQuery("select *  from tb_product where proName like '  % "+key-
words+"% '  ", null);
  products = new ArrayList<Product>();
  while(c.moveToNext()){
    Product p = new Product();
    p.setId(c.getInt(0));
```

```
        p.setProName(c.getString(1));
        p.setCount(c.getInt(2));
        p.setPrice(c.getDouble(3));
        p.setDetail(c.getString(4));
        p.setImgId(c.getInt(5));
        products.add(p);
      }
      c.close();
    }
  }
```

我们在 onAttach( )方法中完成数据库的初始化，然后在商品表 tb_product 中添加测试数据（省略，由同学们自己完成）。getData( )方法根据用户输入的关键字到数据库中查询商品，如果查询到商品则封装到数组 products 中，并将商品信息显示到 ListView 中。

保存项目，在模拟器中运行。在文本输入框中输入关键字，如“sony”，单击查询按钮，如果查询到相关商品则将商品信息显示出来。效果如图 10-1 所示。

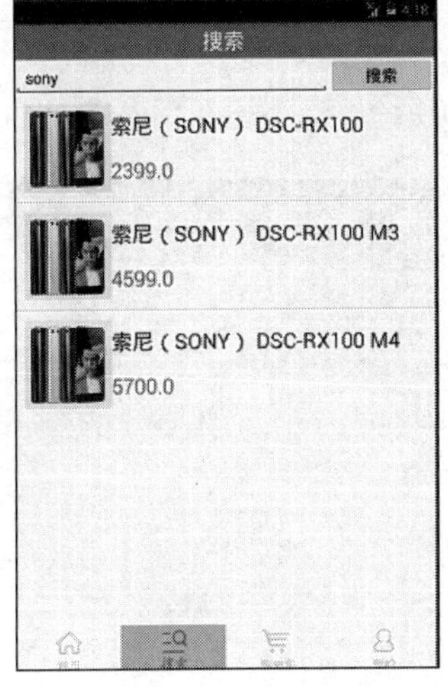

图 10-1　商品查询

【小结】

本项目介绍了 Android 自带数据库 SQLite 的相关知识，首先简单介绍了 SQLite 数据库，然后讲解了 SQLite 数据的常用操作，最后通过商城的搜索商品功能讲解了 SQLite 数据库和 ListView 的使用方法。

项目 11
个人中心及项目测试发布

【学习目标】

- 了解程序自适应处理
- 了解 Android 单元测试
- 掌握 Android 设置程序 LOGO

11.1 个人中心界面的实现

个人中心界面如图 11-1 所示。

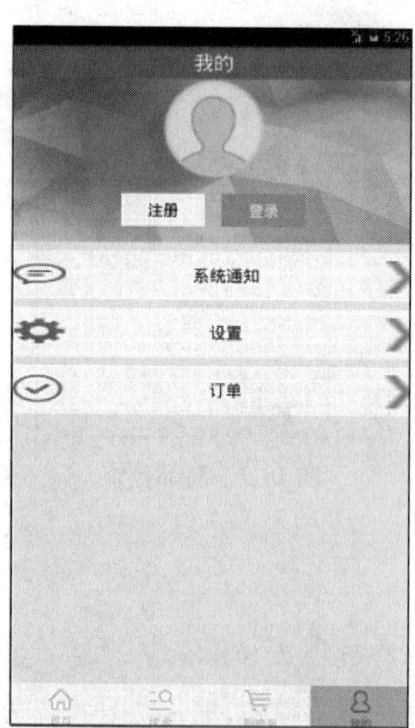

图 11-1 个人中心界面

整个页面分为三部分:第一部分为页标题;第二部分为用户头像和登录、注册按钮;第三部分为三个列表。打开 fg_person.xml,添加如下代码:

```
<LinearLayout xmlns:android="http://schemas.android.com/apk/res/android"
  android:layout_width="match_parent"
  android:layout_height="match_parent"
  android:background="#F4F4F4"
  android:orientation="vertical" >
  <!--页标题-->
  <TextView
    android:id="@+id/txt_title_cart"
    style="@style/txt_page_title"
    android:text="我的"/>
  <!--用户头像、登录按钮、注册按钮-->
  <!--系统通知-->
  <!--设置-->
  <!--订单管理-->
</LinearLayout>
```

布局用户头像、登录按钮、注册按钮,代码如下:

```
<!--用户头像、登录按钮、注册按钮-->
<RelativeLayout
  android:layout_width="match_parent"
  android:layout_height="200dp"
  android:background="@drawable/personal_background">
  <LinearLayout
    android:id="@+id/ly_img"
    android:layout_width="match_parent"
    android:layout_height="120dp"
    android:gravity="center"
    android:orientation="horizontal">
    <ImageView
      android:id="@+id/img_person"
      android:layout_width="120dp"
      android:layout_height="120dp"
      android:background="@drawable/personal_myimg"/>
  </LinearLayout>
  <LinearLayout
    android:layout_width="match_parent"
    android:layout_height="40dp"
```

```
    android:layout_marginTop="20dp"
    android:orientation="horizontal"
    android:layout_below="@id/ly_img"
    android:gravity="center">
    <Button
      android:id="@+id/btn_regist"
      android:layout_width="100dp"
      android:layout_height="match_parent"
      android:background="#ffffff"
      android:text="注册"/>
    <Button
      android:id="@+id/btn_login"
      android:layout_width="100dp"
      android:layout_height="match_parent"
      android:background="#50C6F8"
      android:textColor="#ffffff"
      android:layout_marginLeft="20dp"
      android:text="登录"/>
  </LinearLayout>
</RelativeLayout>
```

系统通知布局代码如下：


```
<!--系统通知-->
<LinearLayout
  android:layout_width="match_parent"
  android:layout_height="60dp"
  android:orientation="horizontal"
  android:layout_marginTop="10dp"
  android:background="#ffffff"
  android:gravity="center">
  <ImageView
    android:layout_width="0dp"
    android:layout_weight="2"
    android:layout_height="wrap_content"
    android:background="@drawable/personal_message"/>
  <TextView
    android:layout_width="0dp"
    android:layout_weight="12"
    android:layout_height="match_parent"
```

```
        android:gravity="center"
        android:textSize="20sp"
        android:text="系统通知"/>
    <ImageView
        android:layout_width="0dp"
        android:layout_weight="1"
        android:layout_height="40dp"
        android:background="@drawable/forward"/>
</LinearLayout>
```

剩余的设置、订单管理布局代码和系统通知布局类似,请同学们自己完成。编辑完成后,保存项目,在模拟器中运行,点击底部导航栏中的“个人中心”,便可看到效果。

项目完成后还需要对程序进行测试发布,下面介绍程序界面自适应屏幕、程序LOGO 的设置及程序测试的相关知识。

11.2　程序自适应处理

如何在屏幕大小不同的手机上正常显示内容呢?这就需要对所定义的控件单位作出自适应处理。自适应的关键是如何读取手机屏幕的宽度和高度,程序控件根据手机屏幕大小作出自适应处理。下面通过实例讲解屏幕上定的控件如何自适应显示数据,示例代码运行结果如图 11-2 和图 11-3 所示。

图 11-2　ListView 自适应实现表格
——Android 2. 2 (QVGA)屏幕

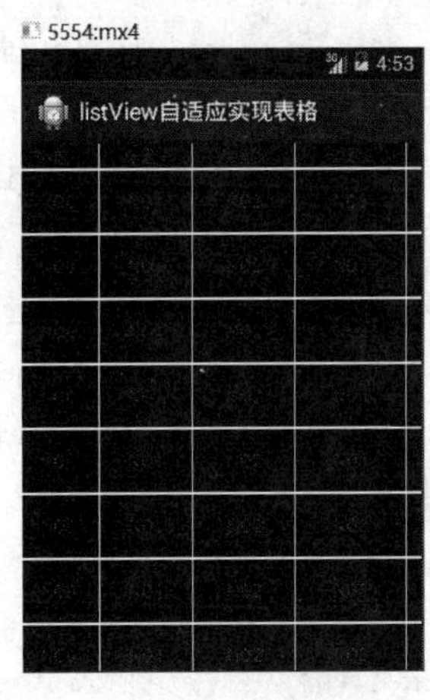

图 11-3　ListView 自适应实现表格
——Android 2. 2 (HVGA)屏幕

首先介绍如何通过 xml 布局实现自适应效果,代码如下:

```
<LinearLayout xmlns:android="http://schemas.android.com/apk/res/android"
  xmlns:tools="http://schemas.android.com/tools"
  android:layout_width="match_parent"
  android:layout_height="match_parent"
  android:orientation="vertical"
  tools:context=".MainActivity" >
  <HorizontalScrollView
    android:id="@+id/horizontalScrollView"
    android:layout_width="match_parent"
    android:layout_height="match_parent">
    <ListView
      android:id="@+id/listView"
      android:layout_width="wrap_content"
      android:layout_height="wrap_content"/>
  </HorizontalScrollView>
</LinearLayout>
```

其次,介绍 Activity java 代码如何配合布局实现 ListView 控件自适应显示内容,代码如下:


```
public class MainActivity extends Activity {
  private ListView listView;
  @Override
  protected void onCreate(Bundle savedInstanceState) {
    super.onCreate(savedInstanceState);
    setContentView(R.layout.activity_main);
    this.setTitle("listView 自适应实现表格");
    //获取布局控件
    listView = (ListView) findViewById(R.id.listView);
    ArrayList<TableRow> table = new ArrayList<TableRow>();
    //设置表格单元格每行 5 个单元格
    TableCell[] titles = new TableCell[5];
    //获取手机屏幕实际宽度
    int width = this.getWindowManager().getDefaultDisplay().getWidth()
        / titles.length;
    //定义标题
    for (int i =0; i < titles.length; i++) {
```

```
      titles[i] = new TableCell("标题" + String.valueOf(i), width +8*i,
          LayoutParams.FILL_PARENT, TableCell.STRING);
    }
    //添加表格标题
    table.add(new TableRow(titles));
    //添加表格每行数据
    TableCell[] cells = new TableCell[5];
    for (int i =0; i < cells.length; i++) {
      cells[i] = new TableCell("NO" + String.valueOf(i), titles[i].width,
          LayoutParams.FILL_PARENT, TableCell.STRING);
    }
    cells[cells.length -1] = new TableCell(R.drawable.ic_launcher,
        cells[cells.length -1].width, LayoutParams.FILL_PARENT,
        TableCell.IMAGE);
    //把表格中每行数据填加到表格
    for (int i =0; i <12; i++) {
      table.add(new TableRow(cells));
    }
    //设置数据适配器
    TableAdapter adapter = new TableAdapter(this, table);
    listView.setAdapter(adapter);
    //监听 ListView 子选项选择事件
    listView.setOnItemClickListener(new ItemClickEvent());
  }
private class ItemClickEvent implements AdapterView.OnItemClickListener {
    @Override
    public void onItemClick(AdapterView<? > arg0, View arg1, int arg2,long arg3) {
      Toast.makeText(MainActivity.this,
          "选中第" + String.valueOf(arg2) + "行",500).show();
    }
  }
}
```

tableAdapter. java 代码如下：

```
public class TableAdapter extends BaseAdapter {
  private Context context;
  private List<TableRow> table;
```

```
  public TableAdapter(Context context, List<TableRow> table) {
    this.context = context;
    this.table = table;
  }
  //获取表格行数
  @Override
  public int getCount() {
    return table.size();
  }
  //根据ID查找到子项
  @Override
  public TableRow getItem(int position) {
    return table.get(position);
  }
  //获取子项ID
  @Override
  public long getItemId(int position) {
    return position;
  }
  @Override
  public View getView(int position, View view, ViewGroup parent) {
    TableRow tableRow = table.get(position);
    return new TableRowView(this.context, tableRow);
  }
```



```
class TableRowView extends LinearLayout {
  public TableRowView(Context context, TableRow tableRow) {
    super(context);
    this.setOrientation(LinearLayout.HORIZONTAL);
    for (int i =0; i < tableRow.getSize(); i++) {//逐个单元格添加到行
      TableCell tableCell = tableRow.getCellValue(i);
      LinearLayout.LayoutParams layoutParams = new LinearLayout.LayoutParams(
          tableCell.width, tableCell.height);//按照单元格指定大小设置空间
      layoutParams.setMargins(0,0,1,1);//预留空隙制造边框
      if (tableCell.type == TableCell.STRING) {//如果单元格是文字
        TextView textCell = new TextView(context);
```

```
            textCell.setLines(1);
            textCell.setGravity(Gravity.CENTER);
            textCell.setBackgroundColor(Color.BLACK);
            textCell.setText(String.valueOf(tableCell.value));
            addView(textCell, layoutParams);
        } else if (tableCell.type = = TableCell.IMAGE) { //如果单元格是图像
            ImageView imgCell = new ImageView(context);
            imgCell.setBackgroundColor(Color.BLACK);
            imgCell.setImageResource((Integer) tableCell.value);
            addView(imgCell, layoutParams);
        }
    }
    //背景白色,利用空隙实现边框
    this.setBackgroundColor(Color.WHITE);
  }
}
```

```
static public class TableRow {
    private TableCell[] cell;
    public TableRow(TableCell[] cell) {
      this.cell = cell;
    }
    public int getSize() {
      return cell.length;
    }
    public TableCell getCellValue(int index) {
      if (index >= cell.length)
        return null;
      return cell[index];
    }
  }

  static public class TableCell {
    static public int STRING =0;
    static public int IMAGE =1;
    public Object value;
    public int width;
    public int height;
```

```
    private int type;
    public TableCell(Object value, int width, int height, int type) {
      this.value = value;
      this.width = width;
      this.height = height;
      this.type = type;
    }
  }
}
```

11.3 设置程序 Logo

设置程序 Logo 的具体步骤如下:

①把制作好的 Logo 图片放到 res\drawable 文件夹里,若需要分别不同分辨率显示图片,则需要制作不同分辨率的图片并依次放入 drawable-hdpi、drawable-ldpi、drawable-mdpi 文件夹里。

②修改 AndroidManifest.xml 配置文件里的内容。android:icon="@drawable/ic_launcher"是程序显示图标,ic_launcher 是图片名称;android:label="@string/app_name"是程序名称。

```
<application
    android:allowBackup="true"
    android:icon="@drawable/ic_launcher"
    android:label="@string/app_name"
    android:theme="@style/AppTheme" >
    <activity
      android:name="com.example.demo12.MainActivity"
      android:label="@string/app_name" >
      <intent-filter>
        <action android:name="android.intent.action.MAIN" />
        <category android:name="android.intent.category.LAUNCHER" />
      </intent-filter>
    </activity>
  </application>
```

11.4　Android 单元测试

在 Android 开发中,实现单元测试并不困难,主要是在配置文件和测试环境上需要用到大量的时间。Android 单元测试大致可以通过以下几个步骤来实现:

①新建测试项目。

②在项目中添加测试单元代码,代码继承自 AndroidTestCase 类。

③自定义 TestSuite 类,用来管理测试单元代码。

④自定义 TestRunner 类,用来执行测试。

⑤在配置文件 AndroidManifest. xml 中需要增加权限,允许使用单元测试。

⑥进行 Anroid 单元测试,所涉及的类以及接口如表 11-1 所示。

表 11-1　Android 进行单元测试所涉及的类及接口

Android 进行单元测试所涉及的类及接口	方法说明

AndroidTestCase	Android 单元测试需要从这个类中派生出来,而不是从 junit. framework. TestCase 中得到。二者之间的主要区别是 AndroidTestCase 提供了一个方法 getContext()来获取当前的上下文,这个方法在 Android 测试中很重要,因为很多的 AndroidAPI 都需要 context
	主要成员:
	setup()//创建中间件,如可打开网络连接
	tearDown()//拆掉中间件,如可关闭网络连接
	testAndroidTestCaseSetupProperty()//测试 AndroidTestCase 是否可以

TestSuite	在 junit. package 包中,一个 TestSuite 就是一系列测试单元(AndroidTest-Case)的集合。通过 TestSuite 可以更好地管理测试单元
	TestSuite 主要成员:
	void addTest(Test test)//增加一个测试内容到测试集合里
	void addTestSuite(Class testClass)//从类中增加一系列的测试内容到测试集合中

TestListener	在 junit. framework 包中,这是一个测试接口,用来监听测试进程
	有以下 4 个公共方法:
	abstract void addError(Test test, Throwable)//测试发生错误时调用
	abstract void addFailure(Test test, AssertionFailedError t)//测试失败时调用
	abstract void endTest(Test test)//测试结束时调用
	abstract void startTest(Test test)//测试开始时调用

续表

Android 进行单元测试所涉及的类及接口	方法说明
AndroidTestRunner	继承自 class junit. runner. BaseTestRunner 类,但是它没有提供 UI,甚至基于控制台的 UI 都没有,因此,如果想要很好地查看测试结果,需要自定义处理类来进行相应的操作,这个处理类需要使用到 AndroidTestRunner 中的 callback 函数 AndroidTestRunner 类的主要方法: setTest( ):// 设置测试 runTest( ):// 运行测试 addTestListener( ):// 增加测试监听 setContext( ):// 设置上下文变量

具体单元测试过程如下:

①新建一个 TestCase 测试项目,在项目中新建 TestContext 类。这个类需要继承 androidTestCase,才能通过 getContext( )来获取当前的上下文。具体流程是:单击菜单栏"文件"→"新建"→"项目"→"Android"→"Android Test Project",如图 11-4 至图 11-6 所示。

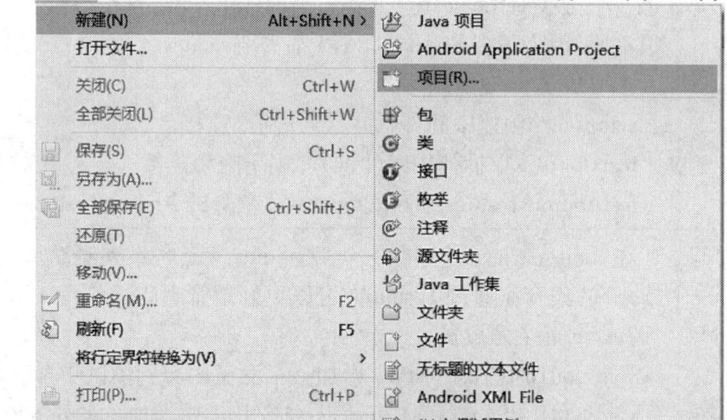

图 11-4 新建 Android 测试项目界面(1)

图 11-5　新建 Android 测试项目界面(2)

图 11-6　新建 Android 测试项目界面(3)

②在项目中新建 AndroidTestCase 类。它需要继承自 AndroidTestCase 类才能完成单元测试,代码如下:

```
public class TestContent extends AndroidTestCase {
  private int i1, i2;
  static final String LOG_TAG = "MyTestCase";
  @Override
```

```
  protected void setUp() throws Exception {
    i1=2;
    i2=3;
  }
  /* *
  * 所需要测试的内容,若(i1+i2)= =5 为 true,不抛出 assertTrue 的内容,反之亦然
  * /
  public void testAdd(){
    assertTrue("抛出 AssertionFailedError,则 failed=1", (i1+i2)= =5);
  }
  /* *
  * 所需要测试的内容,若(i1-i2)= =1 为 true,不抛出 assertTrue 的内容,反之亦然
  * /
  public void testDec(){
    assertTrue("抛出 AssertionFailedError,则 failed=1", (i1-i2)= =1);
  }
  @Override
  protected void tearDown() throws Exception {
    super.tearDown();
  }
  @Override
  public void testAndroidTestCaseSetupProperly() {
    super.testAndroidTestCaseSetupProperly();
  }
}
```


③新建一个 ExampleSuite 类,这个类继承 Junit 的 TestSuit。注意在这里需要使用 addTestSuite()方法,一开始就使用 addTest 方法不能成功,代码如下:

```
public class ExampleSuite extends TestSuite {
  public ExampleSuite() {
    addTestSuite(TestContent.class);
  }
}
```

④新建一个 Activity 类,用来启动单元测试并显示测试结果,代码如下:

```
public class MainActivity extends Activity {
  /* 定义布局控件* /
```

```
private TextView resultView;
private TextView barView;
private TextView messageView;
private Thread testRunnerThread;
/* 显示测试结果* /
private static final int SHOW_RESULT =0;
/* 显示测试错误* /
private static final int ERROR_FIND =1;
@Override
protected void onCreate(Bundle savedInstanceState) {
  super.onCreate(savedInstanceState);
  setContentView(R.layout.activity_main);
  resultView = (TextView) findViewById(R.id.resultView);
  barView = (TextView) findViewById(R.id.barView);
  messageView = (TextView) findViewById(R.id.messageView);
  Button lunch = (Button) findViewById(R.id.lunch);
  lunch.setOnClickListener(new OnClickListener() {
    @Override
    public void onClick(View v) {
      //开始测试
      startTest();
    }
  });
}
/* 显示测试的错误个数* /
private void showMessage(String message){
  hander.sendMessage(hander.obtainMessage(ERROR_FIND, message));
}
/* 显示测试结果* /
private void showResult(String text){
  hander.sendMessage(hander.obtainMessage(SHOW_RESULT, text));
}
/* 开始测试* /
private synchronized void startTest(){
  if(testRunnerThread! =null&&testRunnerThread.isAlive()){
    testRunnerThread = null;
  }
```

```
    if(testRunnerThread = = null){
      testRunnerThread = new Thread(new TestRunner(this));
      testRunnerThread.start();
    }else{
      Toast.makeText(this, "Test is still running", Toast.LENGTH_LONG).show();
    }
  }
  /* 定义线程* /
  public Handler hander = new Handler(){
    public void handleMessage(android.os.Message msg) {
      switch(msg.what){
      case SHOW_RESULT:
        resultView.append(msg.obj.toString());
        break;
      case ERROR_FIND:
        messageView.append(msg.obj.toString());
        break;
      default:
        break;
      }
    };
  };
  class TestRunner implements Runnable, TestListener{
    private Activity parentActivity;
    private int testCount;
    private int errorCount;
    private int failureCount;
    public TestRunner(Activity parentActivity) {
      this.parentActivity = parentActivity;
    }
    @Override
    public void addError(Test test, Throwable t) {
      errorCount++;
      showMessage(t.getMessage()+"\n");
    }
    @Override
    public void addFailure(Test test, AssertionFailedError t) {
```

```
      failureCount++;
      showMessage(t.getMessage()+"\n");
    }
    @Override
    public void endTest(Test test) {
      showMessage(getResult());
    }
    @Override
    public void startTest(Test arg0) {
      testCount++;
    }
    @Override
    public void run() {
      testCount =0;
      errorCount =0;
      failureCount =0;
      ExampleSuite suite = new ExampleSuite();
      AndroidTestRunner testRunner = new AndroidTestRunner();
      testRunner.setTest(suite);
      testRunner.addTestListener(this);
      testRunner.setContext(parentActivity);
      testRunner.runTest();
    }
    private String getResult(){
      int successCount = testCount-failureCount-errorCount;
      return "Test:"+testCount+"Success:"+successCount+"Failed:"+failureCount+"
Error:"+errorCount;
    }
  }
}
```

在 AndroidManifest. xml 配置文件中加入 Android. test. runner 权限,否则无法进行单元测试,代码如下:

```
<application
    android:icon="@drawable/ic_launcher"
    android:label="@string/app_name" >
    <uses-library android:name="android.test.runner" />
```

```
    <activity
      android:name="com.example.lemall.test.MainActivity"
      android:label="@string/title_activity_main" >
    </activity>
    <uses-library android:name="android.test.runner"/>
</application>
```

代码运行效果如图 11-7 所示。

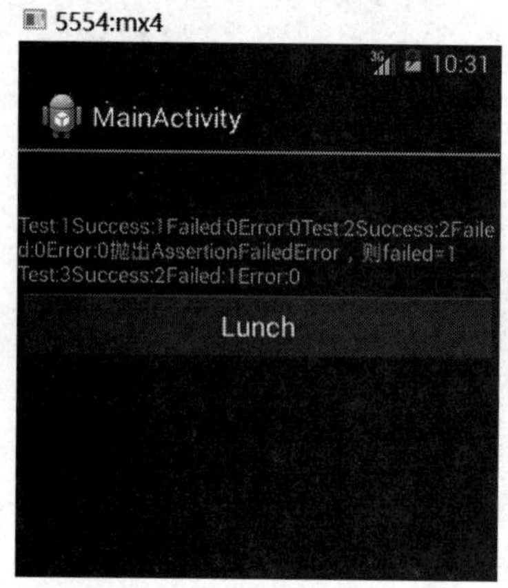

图 11-7　Android 单元测试

11.5　项目在不同版本的 Android 手机上的安装与运行

Android 有不同的版本,如何在不同的 Android 手机操作系统上都能够成功安装所开发的项目呢? 这需要修改 AndroidManifest. xml 中的 android:minSdkVersion 值,例如“android:minSdkVersion=8”,表示支持 2.2 及以上的 Android 手机操作系统。

Android 程序在运行过程中会自动编译生成. apk 文件,该文件可以在 Android 手机操作系统中被执行。. apk 文件存放在项目 bin 目录下。

【小结】

本项目介绍了 Android 界面如何自适应屏幕、如何设置应用程序的 Logo 和如何对程序进行测试,这些都是程序开发后期需要完成的工作,希望同学们能够了解。

项目 12
其他 Android 主题开发
——广播机制

【学习目标】

- 了解什么是广播
- 掌握有序广播和无序广播
- 掌握自定义广播

在 Android 系统中,广播(Broadcast)是一种运用在应用程序之间传递消息的机制,广播接收器(BroadcastReceiver)是用来过滤、接受并响应广播的一类组件。广播接收器可以用来监听系统中的广播消息,在不同组件之间进行通信。

12.1 广播简介

Android 中的广播主要可以分为标准广播和有序广播两类。

标准广播(Normal boradcast)是一种完全异步执行的广播,在广播发出之后,所有的广播接收器几乎都会在同一时间接收到这条广播消息,因此它们之间没有任何先后顺序可言。这种广播效率比较高,但同时也意味着它是无法被截断的。标准广播的工作流程如图 12-1 所示。

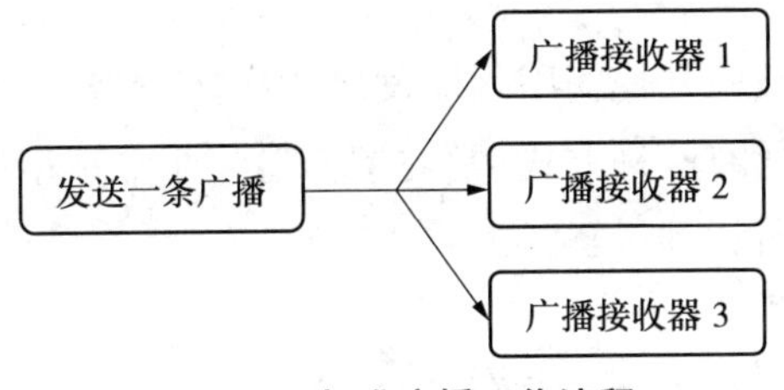

图 12-1 标准广播工作流程

有序广播(Ordered boradcast)则是一种同步执行的广播,在广播发出之后,同一时刻只会有一个广播接收器能够收到这条广播消息,当这个广播接收器中的逻辑执行完毕后,广播才会继续传递。所以此时的广播接收器是有先后顺序的,优先级高的广播接收器就可以先收到广播消息,并且前面的广播接收器还可以截断正在传递的广播,这样后面的广播接收器就无法接收到广播消息了。有序广播的工作流程如图 12-2 所示。

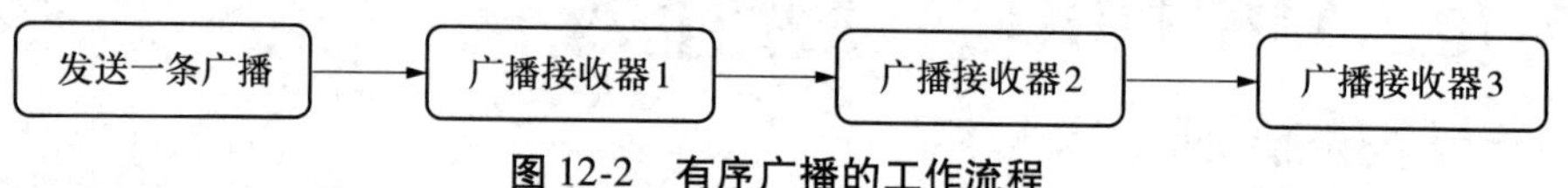

图 12-2　有序广播的工作流程

优先级就是在清单文件中注册广播接收器时定义的 android:priority="" 参数,优先级的范围为-1 000～1 000。如果两个广播接收器优先级相同,则先注册的组件优先接收到广播。如果两个应用程序监听了同一个广播事件并设置了优先级,则先安装的应用优先接收到广播。

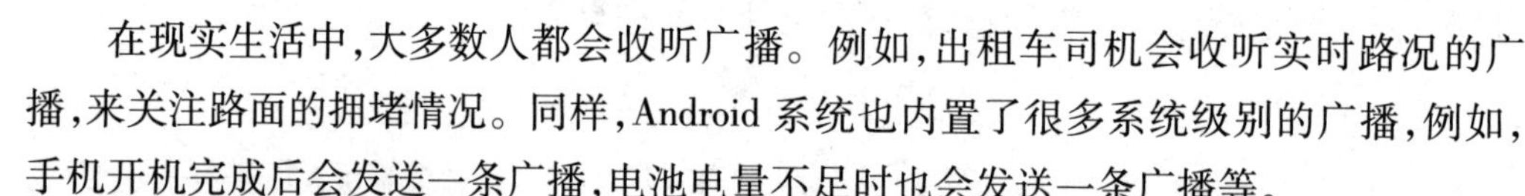

12.2　广播接收器

在现实生活中,大多数人都会收听广播。例如,出租车司机会收听实时路况的广播,来关注路面的拥堵情况。同样,Android 系统也内置了很多系统级别的广播,例如,手机开机完成后会发送一条广播,电池电量不足时也会发送一条广播等。

为了监听这些广播事件,Android 系统提供了一个 BroadcastReceiver 组件,该组件可以监听系统或者应用程序的广播。

当 Android 系统产生一个广播事件时,可以有多个对应的 BroadcastReceiver 接收并进行处理。这些广播接收器只需要在清单文件或代码中进行注册并指定要接收的广播事件,然后创建一个类继承自 BroadcastReceiver 类,重写 onReceive()方法,在方法中进行处理即可。

12.2.1　广播接收器的创建与注册

要使用广播接收器接收其他应用程序发出的广播,先要在本应用中创建广播接收器并进行注册。注册广播有两种方式:常驻型广播与非常驻型广播。接下来针对广播接收器的创建与注册进行详细讲解。

(1)创建广播接收器

要监听到广播事件进行处理,需要创建一个类继承自 BroadcastReceiver,然后重写 onReceive()方法,具体代码如下:

```
public class MyBroadcastReciver extends BroadcastReceiver {
  @Override
  public void onReceive(Context arg0, Intent arg1) {
  }
}
```

当监听到有广播发出时,系统就会调用 onReceive( )方法,在 onReceive( )方法中进行对事件的处理即可。

(2)注册常驻型广播

常驻型广播是当应用程序关闭后,如果接收到其他应用程序发出的广播,那么该程序会自动重新启动。常驻型广播需要在清单文件中注册,代码如下:

```
<receiver android:name="com.example.broadcast.MyBroadcastReciver">
  <intent-filter android:priority="20">
    <action android:name="android.provider.Telephony.SMS_RECEIVED"/>
  </intent-filter>
</receiver>
```

上述代码是在清单文件中注册的监听短信接收的广播,android:name="com.example.broadcast.MyBroadcastReciver"是创建的广播接收器的全路径名;与定义隐式意图一样,广播接收器也需要注册一个<intent-filter>,在过滤器中指定要接收的广播事件,"android.provider.Telephony.SMS_RECEIVED"是系统内部定义的短信接收的广播事件;android:priority="20"是该广播的优先级,这个值越大,代表接收的优先级越高,优先级的作用在后面介绍。

(3)注册非常驻型广播

非常驻型广播依赖于注册广播组件的声明周期,例如,在 Activity 中注册广播接收器,当 Activity 销毁后,广播也随之被移除。这种广播事件在代码中注册,具体代码如下所示:

```
MyBroadcastReciver receiver = new MyBroadcastReciver();
//实例化过滤器并设置要过滤的广播
String action="android.provider.Telephony.SMS_RECEIVED";
IntentFilter filter = new IntentFilter(action);
//注册广播
registerReceiver(receiver, filter);
```

上述代码就是在代码中注册广播事件,MyBroadcastReciver 是自定义的继承自 BroadcastReciver 的类。与清单文件中注册一样,代码注册广播同样需要进行过滤,IntentFilter 接收的是监听的广播事件,最后用 registerReceiver 函数进行注册。

与清单文件注册广播不同的是,代码有注册也有移除,比如在 Activity 的 onCreate( )中注册广播,就要在 onDestory( )中进行解除广播,代码如下:

```
unregisterReceiver(receiver);
```

需要注意的是,广播接收器的生命周期是非常短暂的,在接收到广播的时候创建,onReceive( )方法结束后销毁。常驻型广播在应用程序关闭后,接收到广播会重新自动创建。非常驻型广播则依赖于注册广播组件的生命周期,可调用 unregisterReceiver( )方法手动移除。

12.2.2 案例——IP 拨号器

广播接收器在 Android 系统中应用非常广泛,例如拨打长途电话时使用的 IP 拨号器,就是通过广播接收器实现的。当拨打长途电话时,广播接收器就会监听到这个广播事件,自动在电话号码前面加几位数字,例如 17911、17951 等。下面来实现这个 IP 拨号器。

图 12-3　IP 拨号器

(1)创建程序

创建一个名称为“IP 拨号器”的应用程序,将包名修改为“com. example. ipdail”。设计用户交互界面,具体如图 12-3 所示。

IP 拨号器程序对应的布局文件(activity_main. xml)如下所示:

```
<RelativeLayout xmlns:android="http://schemas.android.com/apk/res/android"
  xmlns:tools="http://schemas.android.com/tools"
  android:layout_width="match_parent"
  android:layout_height="match_parent"
  tools:context=".MainActivity" >
  <EditText
    android:id="@+id/et_input"
    android:layout_width="match_parent"
    android:layout_height="wrap_content"
    android:ems="10" />
  <Button
    android:id="@+id/button1"
    android:layout_width="wrap_content"
    android:layout_height="wrap_content"
    android:layout_below="@id/et_input"
```

```
    android:layout_centerHorizontal="true"
    android:onClick="click"
    android:text="设置 IP 号码" />
</RelativeLayout>
```

上述代码中定义了一个相对布局，然后在该布局中放置两个控件 EditText 和 Button，分别用于输入 IP 号码和设置 IP 号码，为 Button 按钮设置 onClick 属性为 click，用于设置点击事件。

(2)编写界面交互代码

在 MainActivity 中编写与页面交互的代码，用于实现 IP 号码的设置并将号码保存到 SharedPreferences 对象，具体代码如下：

```
public class MainActivity extends Activity {
  private EditText et_input;
  private SharedPreferences sp;
  @Override
  protected void onCreate(Bundle savedInstanceState) {
    super.onCreate(savedInstanceState);
    setContentView(R.layout.activity_main);
    et_input = (EditText) findViewById(R.id.et_input);
    sp = getSharedPreferences("config", MODE_PRIVATE);
    //从 sp 对象中获取存储的 IP 号码，并将号码显示到 EditText 控件中
    et_input.setText(sp.getString("input", ""));
  }
  private void click(View v){
    String input = et_input.getText().toString().trim();
    //创建 Editor 对象，保存用户输入的 IP 号码
    Editor editor = sp.edit();
    editor.putString("input", input);
    editor.commit();
    Toast.makeText(this, "设置成功",0).show();
  }
}
```

上述代码分别初始化了 EditText 对象和 SharedPreferences 对象，然后创建 IP 拨号按钮的点击事件。当用户单击"设置 IP 号码"按钮时，系统将用户输入的 IP 号码保存到 SharedPreferences 对象中。

(3)运行程序设置 IP 号码

设置 IP 号码的功能已经开发完成,下面运行程序并对其进行测试。首先将 IP 号码设置为 17951,然后单击"设置 IP 号码"按钮,此时会弹出 Toast 显示设置成功,如图 12-4 所示。

图 12-4　设置 IP 号码

(4)监听广播事件

为了让 IP 拨号器起作用,需要再创建一个广播接收器接收外拨电话的广播。广播接收器 OutCallReceiver 的代码如下:


```
public class OutCallReceiver extends BroadcastReceiver {
  @Override
  public void onReceive(Context context, Intent intent) {
    //获取拨打的电话号码
    String outcallnumber = getResultData();
    //创建 SharedPreferences 对象,获取该对象中存储的 IP 号码
    SharedPreferences sp = context.getSharedPreferences("config", Context.MODE_
PRIVATE);
    String input = sp.getString("input", "");
    //将 IP 号码添加到外拨电话的前面
    setResultData(input+outcallnumber);
  }
}
```

上述代码中,在 onReceive( )方法中取出了保存在 SharedPreferences 中的数据并使用 setResultData( )函数显示在手机拨号器界面上。

创建完广播接收器之后,需要进行注册,注册代码如下:

```
<receiver android:name="com.example.ipdail.OutCallReceiver">
  <intent-filter>
    <action android:name="android.intent.action.NEW_OUTGOING_CALL"/>
  </intent-filter>
</receiver>
```

上述代码对 OutCallReceiver 进行了注册，监听系统拨打电话的广播"android.intent.action.NEW_OUTGOING_CALL"。这样当手机向外拨打电话时，OutCallReceiver 就能接收到广播。由于外拨电话的广播也侵犯了用户隐私信息，因此需要在配置清单中配置权限信息，具体代码如下：

```
<uses-permission android:name="android.permission.PROCESS_OUTGOING_CALLS"/>
```

至此，IP 拨号器的程序就完成了，下面对 IP 拨号器进行程序测试。

12.3　自定义广播

在实际开发中，有时为了满足一些特殊的需求还需要自定义广播。下面将为大家讲解如何自定义广播。

12.3.1　自定义广播的发送与接收

Android 系统自带了很多广播，如果需要监听某个广播，只需创建对应的广播接收器即可。当这些系统级别的广播事件不能满足实际需求的时候，还可以自定义广播。需要注意的是，自定义广播需要由对应的广播接收器去接收，否则这个广播是无意义的。

自定义广播的发送与接收过程，如图 12-5 所示。

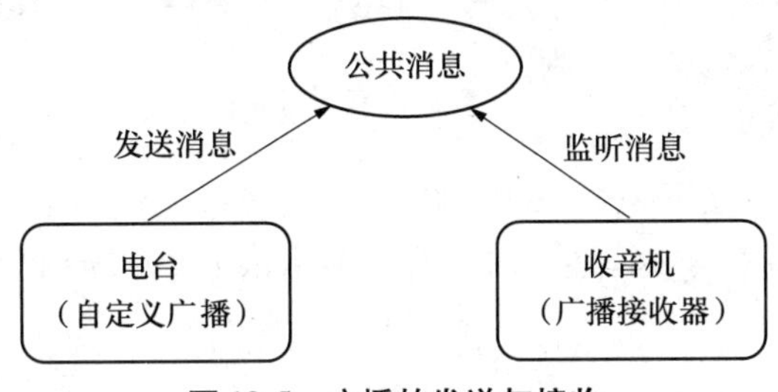

图 12-5　广播的发送与接收

从图 12-5 可以看出，当自定义广播发送一条消息时，这个广播消息会存在于一个公共区域中,当有广播接收器监听到这个消息时,它就会及时地收到广播消息。因此,可以通过这种自定义的广播来处理程序中的特殊功能。

12.3.2 案例——电台与收音机

(1)创建应用程序

创建一个名为"电台与收音机"的应用程序,设计用户交互界面,如图 12-6 所示。

电台与收音机程序对应的布局文件(activity_main. xml)代码如下所示:

图 12-6 电台与收音机界面


```
<RelativeLayout xmlns:android="http://schemas.android.com/apk/res/android"
  xmlns:tools="http://schemas.android.com/tools"
  android:layout_width="match_parent"
  android:layout_height="match_parent"
  tools:context=".MainActivity" >
  <Button
    android:layout_width="wrap_content"
    android:layout_height="wrap_content"
    android:layout_centerHorizontal="true"
    android:layout_centerVertical="true"
    android:onClick="send"
    android:text="发送自定义广播" />
</RelativeLayout>
```

上述布局文件中定义了一个 Button 按钮,并为该按钮注册了一个点击事件 send,当用户点击按钮时,系统会发送一条广播。MainActivity 的代码如下:

```
public class MainActivity extends Activity {
  @Override
  protected void onCreate(Bundle savedInstanceState) {
```

```
    super.onCreate(savedInstanceState);
    setContentView(R.layout.activity_main);
  }
  public void send(View v){
    Intent intent = new Intent();
    //定义广播的事件类型
    intent.setAction("www.music.cn");
    //发送广播
    sendBroadcast(intent);
  }
}
```

MainActivity 的 send( )方法完成了广播的发送功能,它首先创建一个 Intent 对象,然后通过 Intent. setAction(“www. music. cn”)语句制定了广播事件的类型,最后通过 sendBroadcast(intent)语句将广播发送出去。

(2)添加广播接收者

接下来再添加一个广播接收器 MyBroadcastReceiver,接收电台发送的广播,当接收到广播事件时输出“自定义广播接收器...”,代码如下所示:

```
public class MyBroadcastReceiver extends BroadcastReceiver {
  @Override
  public void onReceive(Context context, Intent intent) {
    Log.i("MyBroadcastReceiver", "自定义广播接收器,接收到了广播事件");
    Log.i("MyBroadcastReceiver", intent.getAction());
  }
}
```


上述代码中,onReceive( )方法里输入了两个 Log,当 MyBroadcastReceiver 接收到广播时就会输出这些 Log。

下面在清单文件中注册广播接收器 MyBroadcastReceiver,代码如下:

```
<receiver android:name="com.example.broacdcast.MyBroadcastReceiver">
  <intent-filter>
    <action android:name="www.music.cn"/>
  </intent-filter>
</receiver>
```

上述代码在清单文件中注册了广播接收器 MyBroadcastReceiver,并通过意图过滤器来制定广播的事件类型为“www. music. cn”。

(3)运行程序发送广播

运行程序,单击"电台发送自定义广播"按钮,发送一个自定义广播,此时观察LogCat窗口中打印的提示信息,如图12-7所示。

Tag	Text
MyBroadcastR...	自定义广播接收器,接收到了广播事件
MyBroadcastR...	www.music.cn

图12-7　接收到了自定义广播

【小结】

本项目详细讲解了广播接收器的知识,首先对广播进行简单介绍,然后讲解了什么是广播接收器及如何自定义广播,最后以案例的形式巩固了广播的相关知识。

项目 13
其他 Android 主题开发
——服务

【学习目标】

- 掌握服务的生命周期
- 掌握服务的两种启动方式
- 学会使用服务与 Activty 进行通信

服务与 Activity 类似,不同的是服务没有界面,是一个长期运行在后台的组件,即使启动服务的应用程序被切换掉,其他的 Service 也可以在后台正常运行。因此,Service 经常被用来处理一些耗时的操作,例如进行网络传输或者播放音乐等。本项目将针对服务进行详细讲解。

13.1 服务的创建

服务(Service)是 Android 的四大组件之一,它能够长期在后台运行并且不需要提供用户界面。即使用户切到另一应用程序,服务仍可以在后台运行。服务的创建方式与创建 Activity 类似,只需要继承 Service 类即可,接下来将针对服务的创建进行详细讲解。

(1)创建服务

创建一个名为 ServiceTest 的项目,在该项目中创建一个 MyService 类继承自 Service,此时该类会自动实现 onBind()方法,MyService 中的代码如下:

```
public class MyService extends Service {
  @Override
  public IBinder onBind(Intent arg0) {
    // TODO 自动生成的方法存根
```

```
        return null;
    }
}
```

上述代码创建了一个 MyService 服务,该服务中还没有实现任何功能。需要注意的是,在 MyService 中有一个 onBind()方法,该方法是 Service 类中唯一抽象方法,所以必须要在子类中实现。关于 onBind()的具体知识将在后面的小节中详细介绍。

(2)在清单文件中配置

由于服务是 Android 四大组件中的一个,因此需要在 AndroidManifest. xml 文件中进行注册,注册 MyService 的代码如下:

```
<service android:name="com.example.sercice.MyService"/>
```

至此,服务便创建成功了。从上述过程可以看出,服务的创建非常简单。需要注意的是,服务创建完成后,一定要在清单文件中注册,否则服务不生效。

13.2 服务的生命周期

与其他组件不同的是,Service 不能自己主动运行,需要调用相应的方法来启动。启动服务的方法有两个,分别为 Context. startService()和 Context. bindService()。使用不同的方法启动服务,服务的生命周期也会不同。接下来介绍服务的生命周期。

(1) startService 方式开启服务的生命周期

当其他组件调用 startService()方法时,服务会先执行 onCreate()方法,接着执行 onStartCommand()方法,此时服务处于运行状态,直到自身调用 stopSelf()方法或其他组件调用这种方式开启。服务的状态与开启者没有关系。

(2)bindService 方式开启的生命周期

当其他组件调用 bindService()方法时,服务被创建,客户端通过 Ibinder 接口与服务通信。客户端通过 unbindService()方法关闭连接,多个客户端能够绑定到同一个服务上,并且当它们都解绑时,系统将直接销毁服务(服务不需要被停止)。这种方式开启的服务与开启者的状态有关,当调用者销毁了,服务也会被销毁。

上述两种启动方式的服务的生命周期,如图 13-1 所示。

从图 13-1 可以看出,startService 方式与 bindService 方式开启服务时,服务生命周期中所执行的方法也不是相同的,接下来简单介绍这些方法。

onCreate():第一次创建服务时执行的方法。

OnDestory():服务被销毁时执行的方法。

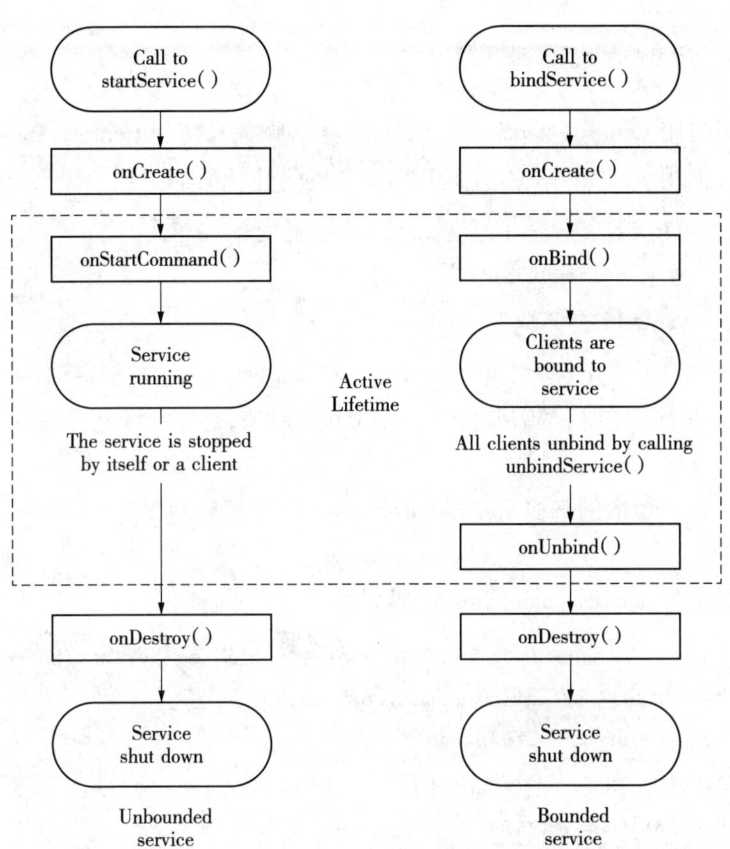

图 13-1　Service 的生命周期

onStrartCommand( ):客户端通过调用 startService( )显示启动服务时执行该方法。

onBind( ):客户端通过调用 bindService( )启动服务时执行该方法。

onUnBind( ):客户端调用 unbindService( )断开服务绑定时执行的方法。

上述这些方法都是 Service 生命周期中的重要回调方法,通过该方法可以观察服务创建、开启、绑定、解绑、销毁等过程。

13.3　服务的启动方式

通过前面的讲解可知,启动服务有两种方式,分别通过 Context. startService( )方法启动服务和通过 Context. bindService( )方法启动服务。下面将针对这两种方式进行详细讲解。

13.3.1 start 方式启动服务

首先学习使用 Context. startService( )方法启动服务和使用 Context. stopService( )方法关闭服务。使用 startService( )方式开启服务的具体代码如下：

```
Intent intent = new Intent(this, StartService.class);
Context.startService(intent);
Context.stopService(intent);
```

从上述代码可以看出，使用 startService( )和 stopService( )方法启动、关闭服务十分简单。调用这两个方法时，都需要传入一个 Intent 对象，这个对象用于指定要启动或关闭的服务。

接下来通过一个案例来演示使用 startService( )方式启动服务。

(1)创建程序

修改布局文件 activity_main. xml，代码如下：


```
<LinearLayout xmlns:android="http://schemas.android.com/apk/res/android"
  xmlns:tools="http://schemas.android.com/tools"
  android:layout_width="match_parent"
  android:layout_height="match_parent"
  android:orientation="vertical"
  tools:context=".MainActivity" >
  <Button
    android:id="@+id/btn_start"
    android:layout_width="wrap_content"
    android:layout_height="wrap_content"
    android:onClick="start"
    android:text="开启服务" />
  <Button
    android:id="@+id/btn_stop"
    android:layout_width="wrap_content"
    android:layout_height="wrap_content"
    android:onClick="stop"
    android:text="关闭服务" />
</LinearLayout>
```

(2)添加 MyService 文件

MyServie 类中的代码如下：

```
public class MyService extends Service {
  @Override
  public IBinder onBind(Intent arg0) {
    return null;
  }
  @Override
  public void onCreate() {
    super.onCreate();
    Log.i("startService", "onCreate()");
  }
  @Override
  public int onStartCommand(Intent intent, int flags, int startId) {
    Log.i("startService", "onStartCommand()");
    return super.onStartCommand(intent, flags, startId);
  }
  @Override
  public void onDestroy() {
    super.onDestroy();
    Log.i("startService", "onDestroy()");
  }
}
```


(3)清单配置文件

服务需要在清单文件中注册,具体代码如下:

```
<service android:name="com.example.sercice.MyService"/>
```

(4)编写界面交互代码

在 MainActivity 中,实现开启服务与关闭服务按钮点击事件,具体代码如下:

```
public class MainActivity extends Activity {
  @Override
  protected void onCreate(Bundle savedInstanceState) {
    super.onCreate(savedInstanceState);
    setContentView(R.layout.activity_main);
  }
  //开启服务
  public void start(View view){
    Intent intent = new Intent(this, MyService.class);
```

```
    startService(intent);
  }
  //关闭服务的方法
  public void stop(View view){
    Intent intent = new Intent(this, MyService.class);
    stopService(intent);
  }
}
```

(5)运行程序查看结果

运行当前程序,单击界面上的"开启服务"按钮,此时在LogCat窗口中会打印出服务创建的Log信息,具体如图13-2所示。

```
startService      onCreate()
startService      onStartCommand()
```

图13-2　开启服务

单击"关闭服务"按钮时,在LogCat窗口中会打印出服务销毁的信息,如图13-3所示。

```
startService      onDestroy()
```

图13-3　关闭服务

13.3.2　bind方式启动服务

当程序使用startService()和stopService()来启动、关闭服务时,服务与调用者之间基本不存在太多关联,也无法与访问者进行通信、数据交互等。如果服务需要与调用者进行方法调用和数据交互,应该使用bindService()和unbindService()来启动、关闭服务。

bindService()方法的完整方法名为bindService(Intent service, ServiceConnection conn, int flags),该方法的三个参数解释如下:

Intent对象用于指定要启动的Service。

ServiceConnection对象用于监听调用者与Service之间的连接状态。当调用者与Service连接成功时将回调该对象的onServiceConnected(ComponentName name, IBinder service)方法;断开连接时将回调该对象的onServiceDisconnected(ComponentName name)方法。

flags:指定绑定时是否自动创建Service(如果Service还未创建)。该参数可指定为0即不自动创建,也可指定为BIND_AUTO_CREATE即自动创建。

为了让同学们理解和使用 bindService( )方法来启动服务,接下来通过一个案例来演示。本案例实现了点击按钮绑定服务、调用服务中的方法以及解绑服务,具体步骤如下:

(1)创建程序

布局文件 activity_main. xml 的代码如下:

```
<LinearLayout xmlns:android="http://schemas.android.com/apk/res/android"
  xmlns:tools="http://schemas.android.com/tools"
  android:layout_width="match_parent"
  android:layout_height="match_parent"
  android:orientation="vertical"
  tools:context=".MainActivity" >
  <Button
    android:layout_width="wrap_content"
    android:layout_height="wrap_content"
    android:onClick="bind"
    android:text="绑定服务" />
  <Button
    android:layout_width="wrap_content"
    android:layout_height="wrap_content"
    android:onClick="call"
    android:text="调用服务中的方法" />
  <Button
    android:layout_width="wrap_content"
    android:layout_height="wrap_content"
    android:onClick="unbind"
    android:text="解绑服务" />
</LinearLayout>
```

(2)创建 Service 类

接下来在服务中添加一个 MyService 类,该类实现了绑定服务生命周期中的三个方法以及自定义的一个 methodInService( )方法。MyService 类的代码如下:

```
public class MyService extends Service {
  @Override
  public IBinder onBind(Intent arg0) {
    return new MyBinder();
  }
```

```
    @Override
    public void onCreate() {
        super.onCreate();
        Log.i("MyService", "onCreate()");
    }
    @Override
    public boolean onUnbind(Intent intent) {
        Log.i("MyService", "onUnbind()");
        return super.onUnbind(intent);
    }
    class MyBinder extends Binder{
        public void callMethodInService(){
            methodInService();
        }
    }
    public void methodInService(){
        Log.i("MyService", "自定义方法 methodInService()");
    }
}
```


（3）清单文件的配置

在清单文件中注册服务 MyService，具体代码如下：

```
<service android:name="com.example.sercice.MyService"/>
```

（4）编写界面交互代码

接下来在 MainActivity 中编写与页面交互的代码，用于实现绑定服务、调用服务中的方法以及解绑服务，具体代码如下：

```
public class MainActivity extends Activity {
    private MyBinder myBinder;
    private MyConn myconn;
    @Override
    protected void onCreate(Bundle savedInstanceState) {
        super.onCreate(savedInstanceState);
        setContentView(R.layout.activity_main);
    }
    //绑定服务
    public void bind(View v){
```

```
    if(myconn= =null){
      myconn = new MyConn();
    }
    Intent intent = new Intent(this, MyService.class);
    bindService(intent, myconn, BIND_AUTO_CREATE);
  }
  //解绑服务
  public void unbind(View v){
    if(myconn! =null){
      unbindService(myconn);
      myconn = null;
    }
  }
  //调用服务中的方法
  public void call(View v){
    myBinder.callMethodInService();
  }
  private class MyConn implements ServiceConnection{
    @Override
    public void onServiceConnected(ComponentName name, IBinder service) {
      myBinder = (MyBinder) service;
      Log.i("MainActivity", "服务绑定成功");
    }
    @Override
    public void onServiceDisconnected(ComponentName name) {
    }
  }
}
```


(5)运行程序查看结果

运行当前程序,单击界面上的“绑定服务”按钮,此时在 LogCat 窗口中会打印出服务绑定的 Log 信息,如图 13-4 所示。

com.example.sercice	MainActivity	服务绑定成功

图 13-4　绑定服务

单击“调用服务中的方法”按钮,此时控制台会打印调用自定义的方法,如图 13-5 所示。

```
com.example.sercice    MyService          自定义方法methodInService()
```

图 13-5 调用服务中的方法

接下来单击“解绑按钮”按钮此时系统会调用 onUnbind( )方法解绑服务,如图 13-6 所示。

```
com.example.sercice    MyService          onUnbind()
```

图 13-6 解绑服务

13.4 服务通信

在 Android 系统中,服务的通信方式有两种:一种是本地服务通信,另一种是远程服务通信。本地服务通信是指应用程序内部的通信,而远程服务通信是指两个应用程序之间的通信。使用这两种方式进行通信必须要满足一个前提,就是服务必须绑定方式开启。接下来针对这两种方式进行讲解。

13.4.1 本地服务通信

在使用服务进行本地通信时,首先需要开发一个 Service 类,该类会提供一个 IBinder. onBind(Intent intent)方法,onBind( )方法返回的 IBinder 对象会作为参数传递给 ServiceConnection 类中 onServiceConnected(ComponentName name, IBinder service)方法,这样访问者就可以通过 IBinder 对象与 Service 进行通信。

接下来通过一个图例来演示如何使用 IBinder 对象进行本地服务通信,如图 13-7 所示。

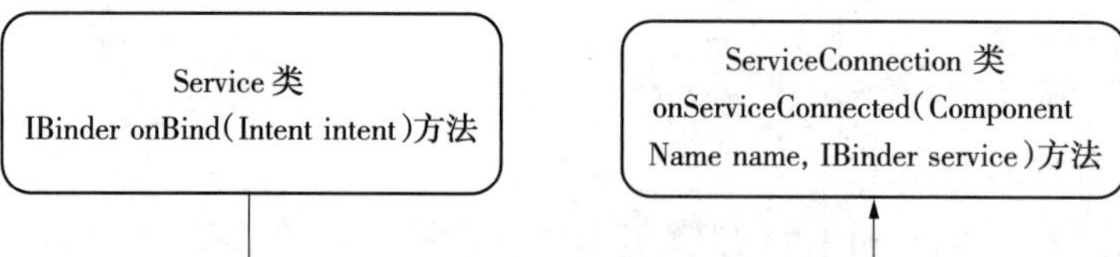

图 13-7 本地服务通信

从图 13-7 可以看出,服务在进行通信时实际使用的就是 IBinder 对象,在 Service-Connection 类中得到 IBinder 对象,通过该对象可以获得服务中定义的方法,执行具体的操作。

13.4.2　远程服务通信

在 Android 系统中,各个应用程序运行在自己的进程中,进程之间一般无法直接进行通信。如果想要完成不同进程之间的通信,就需要使用远程服务通信。远程服务通信是通过 AIDL(Android Interface Definition Language)实现的,它是一种接口定义语言(Interface Definition Language),其语法格式非常简单,与 Java 中定义接口很相似,但是存在几点差异,具体如下:

- ADIL 定义接口的源代码必须以.aidl 结尾。
- ADIL 接口中用到的数据类型,除了基本数据类型、String、List、Map、CharSequecce 之外,其他类型全部都需要导入包,即使它们在同一个包中。

开发人员定义的 AIDL 接口只是定义了进程之间的通信接口,服务端、客户端都需要使用 Android SDK 安装目录下的 platform-tools 子目录下的 aidl. exe 工具为该接口提供实现。如果开发者使用 ADT 工具进行开发,那么 ADT 工具会自动实现 AIDL 接口。

13.5　案例——音乐播放器

下面通过一个"音乐播放器"的案例来演示如何使用服务来进行通信,具体步骤如下。

(1)创建程序

创建一个名为 MusicPlayer 的应用程序,设计用户交互界面,具体如图 13-8 所示。

图 13-8　音乐播放器界面

布局文件 activity_main. xml 代码如下:

```
<LinearLayout xmlns:android="http://schemas.android.com/apk/res/android"
  xmlns:tools="http://schemas.android.com/tools"
```

```
android:layout_width="match_parent"
android:layout_height="match_parent"
android:orientation="vertical"
tools:context=".MainActivity" >
<SeekBar
  android:id="@+id/seekBar1"
  android:layout_width="match_parent"
  android:layout_height="wrap_content" />
<LinearLayout
  android:layout_width="match_parent"
  android:layout_height="wrap_content" >
  <Button
    android:id="@+id/btn_play"
    android:layout_width="wrap_content"
    android:layout_height="wrap_content"
    android:text="播放" />
  <Button
    android:id="@+id/btn_pause"
    android:layout_width="wrap_content"
    android:layout_height="wrap_content"
    android:text="暂停" />
  <Button
    android:id="@+id/btn_replay"
    android:layout_width="wrap_content"
    android:layout_height="wrap_content"
    android:text="重播" />
  <Button
    android:id="@+id/btn_stop"
    android:layout_width="wrap_content"
    android:layout_height="wrap_content"
    android:text="停止" />
</LinearLayout>
</LinearLayout>
```

(2)创建服务类 MusicService

创建一个服务类 MusicService,用于完成音乐的播放、暂停、重播、停止功能。MusicService 类的代码如下:

```
public class MusicService extends Service {
  public MediaPlayer mediaPlayer;
  class MyBinder extends Binder{
    //播放音乐
    public void plays(String path){
      play(path);
    }
    //暂停播放
    public void pause(){
      pause();
    }
    //重新播放
    public void replay(String path){
      replay(path);
    }
    //停止播放
    public void stops(){
      stop();
    }
    //获取当前播放进度
    public int getCurrentPosition(){
      return getCurrentProgress();
    }
    //获取音乐文件的长度
    public int getMusicWidth(){
      return getMusicLength();
    }
  }
  //播放音乐
  public void play(String path){
    try {
      if(mediaPlayer==null){
        //创建一个 MediaPlayer
        mediaPlayer = new MediaPlayer();
        mediaPlayer.setAudioStreamType(AudioManager.STREAM_MUSIC);
        //指定播放音乐的路径
```

```
            mediaPlayer.setDataSource(path);
            //准备播放
            mediaPlayer.prepare();
            mediaPlayer.setOnPreparedListener(new OnPreparedListener() {
              @Override
              public void onPrepared(MediaPlayer arg0) {
                mediaPlayer.start();
              }
            });
          }else{
            int position = getCurrentProgress();
            mediaPlayer.seekTo(position);
            try {
              mediaPlayer.prepare();
            } catch (Exception e) {
              e.printStackTrace();
            }
            mediaPlayer.start();
          }
        } catch (Exception e) {
          e.printStackTrace();
        }
      }
      //暂停音乐
      public void pause(){
        if(mediaPlayer!=null && mediaPlayer.isPlaying()){
          mediaPlayer.pause();
        }else if(mediaPlayer!=null && !(mediaPlayer.isPlaying())){
          mediaPlayer.start();
        }
      }
      //重新播放音乐
      public void replay(String path){
        if(mediaPlayer!=null){
          mediaPlayer.seekTo(0);
          try {
```

```
            mediaPlayer.prepare();
        } catch (IOException e) {
            e.printStackTrace();
        }
        mediaPlayer.start();
    }
}
//停止音乐
public void stop(){
    if(mediaPlayer!=null){
        mediaPlayer.stop();
        mediaPlayer.release();
        mediaPlayer = null;
    }else{
        Toast.makeText(getApplicationContext(), "已停止",0).show();
    }
}
//获取资源文件的长度
public int getMusicLength(){
    if(mediaPlayer!=null){
        return mediaPlayer.getDuration();
    }
    return 0;
}
//获取当前进度
public int getCurrentProgress(){
    if(mediaPlayer!=null && mediaPlayer.isPlaying()){
        return mediaPlayer.getCurrentPosition();
    }else if(mediaPlayer!=null && !(mediaPlayer.isPlaying())){
        return mediaPlayer.getCurrentPosition();
    }
    return 0;
}
@Override
public IBinder onBind(Intent intent) {
    return new MyBinder();
```

```
  }
  @Override
  public void onDestroy() {
    if(mediaPlayer! =null){
      mediaPlayer.stop();
      mediaPlayer.release();
      mediaPlayer=null;
    }
    super.onDestroy();
  }
}
```

在 Android 系统中,播放音频文件一般使用 MediaPlayer 类来实现,下面介绍一下 MediaPlayer 类中常用的方法:

- setAudioStreamType():指定音频文件的类型,必须在 prepare()方法之前调用。
- setDataSource():设置要播放的音频文件的位置。
- prepare():在开始播放之前调用这个方法完成准备工作。
- start():开始或继续播放音频。
- pause():暂停播放音频。
- reset():将 MediaPlayer 对象重置到刚刚创建的状态。
- seekTo():从指定位置开始播放音频。
- stop():停止播放音频,调用该方法后,MediaPlayer 对象将无法再继续播放音频。
- release():释放与 MediaPlayer 对象相关的资源。
- isPlaying():判断当前 MediaPlayer 是否正在播放音频。
- getDuration():获取载入音频文件的时长。
- getCurrentPosition():获取当前播放音频文件的位置。

(3)清单文件的配置

在清单文件中添加如下代码:

```
<uses-permission android:name="android.permission.READ_EXTERNAL_STORAGE"/>
<service android:name="com.example.musicplayer.MusicService"/>
```

(4)编写界面交互代码

需要在 MainActivity 中实现播放、暂停、重播、停止按钮的点击操作,具体代码如下:

```
public class MainActivity extends Activity {
  private Intent intent;
  private MyConn myConn;
```

```
private MyBinder binder;
private SeekBar seekbar;
private Button btn_play, btn_stop, btn_pause, btn_replay;
private Thread mThread;
private Handler hander = new Handler(){
  public void handleMessage(android.os.Message msg) {
    switch(msg.what){
    case 100:
      int currentPosition = (Integer)msg.obj;
      seekbar.setProgress(currentPosition);
      break;
    default:
      break;
    }
  };
};
@Override
protected void onCreate(Bundle savedInstanceState) {
  super.onCreate(savedInstanceState);
  setContentView(R.layout.activity_main);
  initView();
  myConn = new MyConn();
  intent = new Intent(this, MusicService.class);
  bindService(intent, myConn, BIND_AUTO_CREATE);
}
private void initView() {
  btn_play = (Button) findViewById(R.id.btn_play);
  btn_pause = (Button) findViewById(R.id.btn_pause);
  btn_stop = (Button) findViewById(R.id.btn_stop);
  btn_replay = (Button) findViewById(R.id.btn_replay);
  seekbar = (SeekBar) findViewById(R.id.seekBar1);
  //监听事件
  btn_play.setOnClickListener(new MyClickListener());
  btn_pause.setOnClickListener(new MyClickListener());
  btn_replay.setOnClickListener(new MyClickListener());
  btn_stop.setOnClickListener(new MyClickListener());
}
```

```
//初始化进度条的长度,获取音乐文件的长度
private void initSeekBar(){
  int musicWidth = binder.getMusicWidth();
  seekbar.setMax(musicWidth);
}
//更新音乐播放进度
private void UpdateProgress(){
  mThread = new Thread(){
    @Override
    public void run() {
      while(!interrupted()){
        int currentPosition = binder.getCurrentPosition();
        Message msg = Message.obtain();
        msg.obj = currentPosition;
        msg.what =100;
        hander.sendMessage(msg);
      }
    }
  };
  mThread.start();
}
private class MyConn implements ServiceConnection{
  @Override
  public void onServiceConnected(ComponentName name, IBinder service) {
    binder = (MyBinder) service;
  }
  @Override
  public void onServiceDisconnected(ComponentName name) {
  }
}
private class MyClickListener implements OnClickListener{
  @Override
  public void onClick(View v) {
    String pathway = "/music/01.mp3";
    File SDpath = Environment.getExternalStorageDirectory();
    File file = new File(SDpath, pathway);
    String path = file.getAbsolutePath();
```

```
        switch (v.getId()) {
        case R.id.btn_play:
          if(file.exists() && file.length()>0){
            binder.plays(path);
            initSeekBar();
            UpdateProgress();
          }else{
            Toast.makeText(getApplicationContext(), "找不到音乐文件",0).show();
          }
          break;
        case R.id.btn_pause:
          binder.pause();
          break;
        case R.id.btn_replay:
          binder.replay(path);
          break;
        case R.id.btn_stop:
          mThread.interrupt();
          if(mThread.isInterrupted()){
            binder.stops();
          }
          break;
        }
      }
    }
    @Override
    protected void onDestroy() {
      //如果线程没有退出,则退出
      if(mThread! = null && mThread.isInterrupted()){
        mThread.interrupt();
      }
      unbindService(myConn);
      super.onDestroy();
    }
}
```

需要注意的是，在 onDestroy( )方法中，首先要停止子线程才能解绑服务。因为子线程中调用了服务中的方法，如果先解绑就会报异常。

(5)运行程序

运行程序之前需要在模拟器的“data/music”目录中复制音乐，然后运行程序，单击播放按钮就能看到如图 13-9 所示的界面。

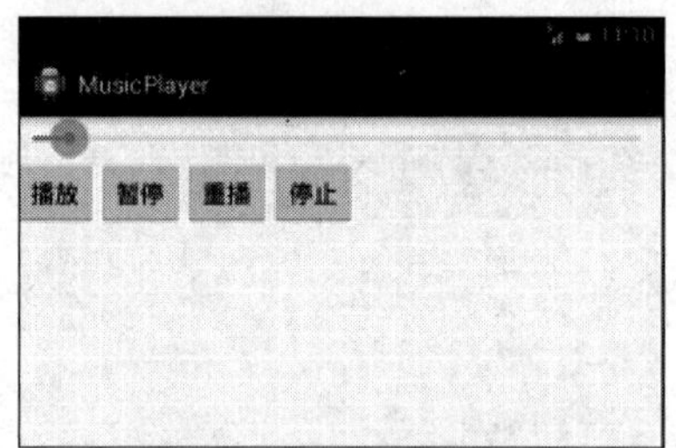

图 13-9　测试音乐播放器

【小结】

本项目主要讲解了 Android 中的服务，首先讲解了如何创建服务、服务的生命周期，然后讲解了服务的两种启动模式，最后讲解了如何使用服务在程序中进行通信，并通过“音乐播放器”案例巩固知识。

项目 14
其他 Android 主题开发
——网络编程

【学习目标】

- 掌握 Android 网络编程
- 学会使用开源项目 AsyncHttpClient 访问网络

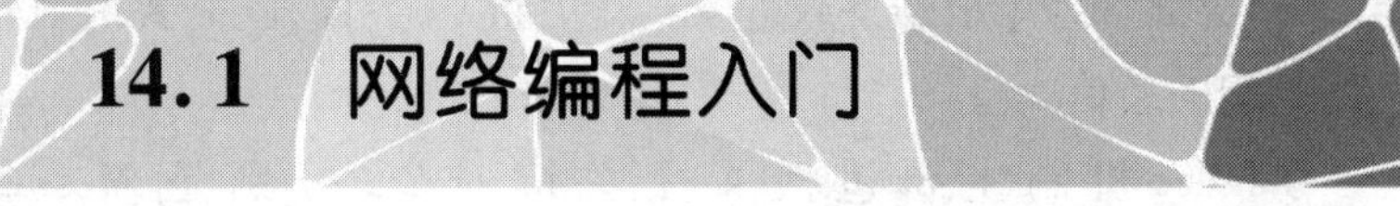

14.1 网络编程入门

14.1.1 HTTP 协议简介

日常生活中,大多数人遇到了问题都会使用手机进行百度搜索。用户在浏览器的地址栏中输入百度网址并点击搜索,就会进入百度主页。这个访问百度的过程就是通过 HTTP 协议完成的。HTTP(Hyper Text Transfer Protocol),即超文本传输协议,它规定了浏览器和万维网服务器之间相互通信的规则。

客服端和服务器端建立连接后,它向服务器端发送的请求被称作 HTTP 请求。服务器端接收到请求后会作出响应,称为 HTTP 响应。下面通过手机端访问服务器端的图例来展示 HTTP 协议的通信过程,如图 14-1 所示。

从图 14-1 可以看出,使用手机客服端访问百度时,会发送出一个 HTTP 请求。当服务器端接收到这个请求后,会作出响应并将百度页面返回给客服端浏览器。这个请求和响应的过程实际就是 HTTP 通信的过程。

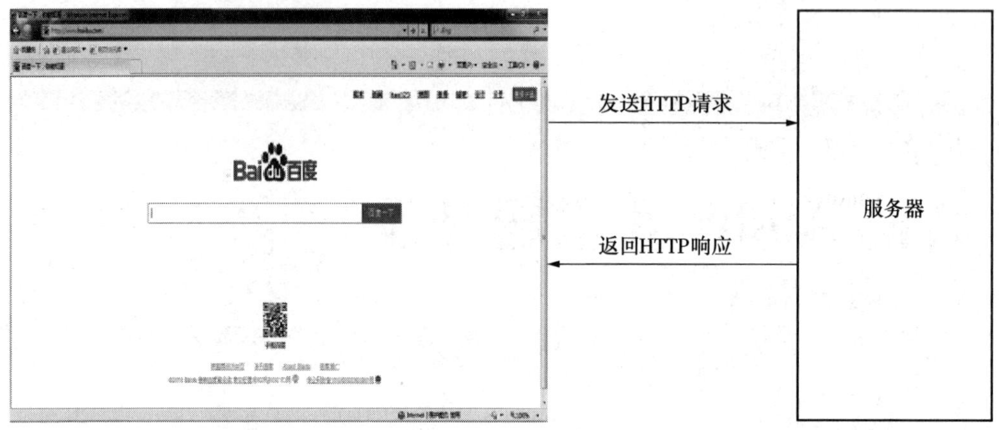

图 14-1　HTTP 请求与响应

14.1.2　Handler 消息机制原理

在使用 Android 手机下载软件时，通常都能在界面看到一个下载的进度条，用来表示当前软件下载的进度。但 Android 4.0 以后不能在 UI 线程访问网络，子线程也不能更新 UI 界面。为了根据下载进度实行更新 UI 界面，就需要用到 Handler 消息机制来实现线程间的通信。

Handler 机制主要包括 4 个关键对象，分别是 Message、Handler、MessageQueue、Looper。下面对这 4 个关键对象进行简要介绍。

(1) Message

Message 是在线程之间传递的消息，它可以在内部携带少量的信息，用于在不同线程之间交换数据。Message 的 what 字段可以用来携带一些整形数据，obj 字段可以用来携带一个 Object 对象。

(2) Handler

Handler 就是"处理者"的意思，它主要用于发送消息和处理消息。一般使用 Handler 对象的 sendMessage( ) 方法发送消息，发出的消息经过一系列的辗转处理后，最终会传递到 Handler 对象的 handlerMessage( ) 方法中。

(3) MessageQueue

MessageQueue 是消息队列的意思，它主要用于存放通过 Handler 发送的消息。通过 Handler 发送的消息会存在 MessageQueue 中等待处理。每个线程中只会有一个 MessageQueue 对象。

(4) Looper

Looper 是每个线程中的 MessageQueue 的管家。调用 Looper 的 Looper( ) 方法后，系统就会进入一个无限循环中，每当发现 MessageQueue 中存在一条消息，就会将它取出，并传递到 Handler 的 handlerMessage( )方法中。此外，每个线程也只会有一个 Looper 对象。在主线程中创建 Handler 对象时，系统已经创建了 Looper 对象，所以不用手动创建 Looper 对象；而在子线程中创建的 Handler 对象，需要调用 Looper. loop( )方法开启消息循环。

整个 Handler 消息处理流程，如图 14-2 所示。

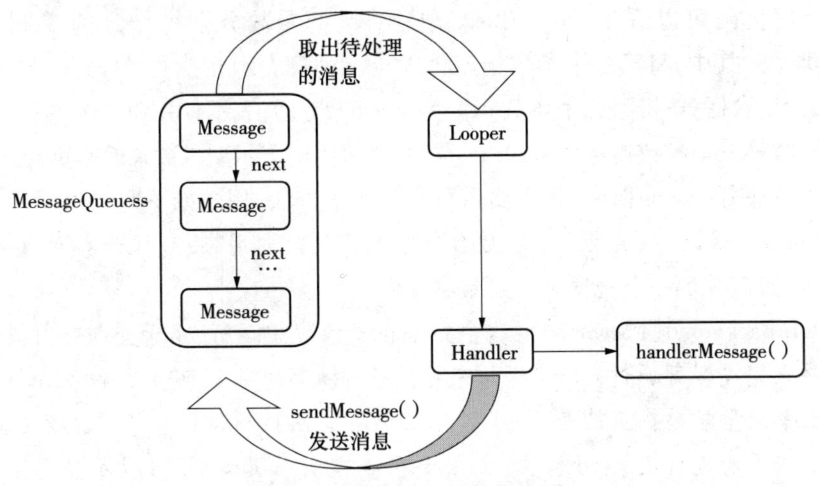

图 14-2　异步消息处理原理图

从图 14-2 可以清晰地看到整个 Handler 消息机制处理流程。Handle 消息处理需要在 UI 线程创建一个 Handle 对象，然后在子线程中调用 Handle 的 sendMessage( )方法，接着这个消息会存放在 UI 线程 MessageQueue 中，通过 Looper 对象取出 MessageQueue 中的消息，最后分发回 Hanlder 的 HandleMessage( )方法中。

14.1.3　AsyncTask

为了方便在子线程中对 UI 进行操作，Android 提供了一些好用的工具类，AsyncTask 就是其中之一。借助 AsyncTask，可以简单地从子线程切换到主线程，它的原理是异步消息处理机制。

接下来了解一下 AsyncTask 的基本用法。首先，AsyncTask 是一个抽象类，因此，要使用它必须要创建一个类去继承它。在继承 AsyncTask 时，可以为其指定三个泛型参数，如下所示：

- Params：在执行 AsyncTask 时需要传入的参数，用于后台任务。
- Progress：后台任务执行时，如果需要在界面上显示当前进度，则使用该参数作为进度单位。
- Result：当任务执行完毕后，如果需要对结果进行返回，则使用该参数作为返回值的类型。

为了让初学者更好地理解这三个参数的作用，下面通过一段示例代码来演示参数的用途，具体代码如下：

```
Class DownLoadTask extends AsyncTask<Void,Integer,Boolean>{
  …
}
```

从上述代码可以看出，AsyncTask 的三个泛型参数分别被指定为 Void、Integer、Boolean 类型。其中，将第一个参数指定为 Void 类型，表示在执行 AsyncTask 时不需要传递参数给后台任务；将第二个参数指定为 Integer 类型，表示使用整型参数来作为进度显示单位；将第三个参数指定为 Boolean 类型，表示使用布尔型参数来返回执行结果。

通常，在使用 AsyncTask 时，需要重写它的 4 个方法，用法如下所示：

- OnPreExcute()：这个方法在后台任务执行之前调用，一般用于界面上的初始操作，例如显示一个进度条的对话框等。
- doInBackgroud(Params...)：这个方法在子线程中运行，用于处理耗时操作，操作一旦完成即可通过 return 语句来将任务的执行结果返回。如果 AsyncTask 的第三个泛型参数指定的是 Void 则可以不用返回执行结果。需要注意的是，这个方法不能进行更新 UI 操作，如果要在该方法中更新 UI 可以手动调用 publishProgress(Progress...)方法来完成。
- onProgressUpdate(Progress...)：如果在 doInBackgroud(Params...)方法中调用了 publishProgress(Progress...)方法，这方法就会很快被调用，方法中携带的参数就是后台任务中传递过来的。这个方法可以对 UI 进行操作，利用参数 Porgress 就可以对 UI 进行相应的更新。
- onPostExcute(Result)：当 doInBackgroud(Params...)执行完毕并通过 return 语句进行返回时，这个方法会很快被调用。在 doInBackgroud(Params...)中返回的数据会作为参数传递到该方法中。此时，可以利用返回参数来进行 UI 参数更新。例如，提醒某个任务完成了。

下面通过一段示例代码来讲解这 4 个方法的使用，具体代码如下：

```
Class DownLoadTask extends AsyncTask<Void,Integer,Boolean>{
  @Override
  protected void onPreExecute(){
    //显示进度对话框
    progressDialog.show();
  }
  @Override
  protected Boolean doInBackground(void... params){
    try{
```

```
      while(true){
          //doDownload()是一个虚构方法,用来返回下载百分比
          Int downloadPrecent = doDownload();
          //更新下载速度
          publishProgress(downloadPrecent);
          if(downloadPrecent >=100){
            break;
          }
        }
    }catch(Exception e){
        Return false;
    }
    return true;
  }
  @Override
  protected void onProgressUpdate(Integer...values) {
    //在这里更新下载进度
    progressDialog.setMessage("Download"+values[0]+"% ");
    }
  @Override
  protected void onPostExecute(Boolean result) {
      //关闭进度对话框
      progressDialog.dismiss();
      //在这里提示下载结果
      if(result){
        Toast.makeText(MainActivty.this,"下载成功",0).show();
      }else{
        Toast.makeText(MaiActivity.this,"下载失败",0).show();
      }
   }
}
```

要执行 DownLoadTask,还需要在 UI 线程中创建出 DownLoadTask 的实例,并调用 DownLoadTask 实例的 excute( )方法,具体代码如下所示:

```
new DownLoadTask(). Excute();
```

以上就是 AsyncTask 的基本用法。使用 AsyncTask 可以不使用 Handler 发送和接收消息,只需要在 doInBackgroud( )方法中调用 publishPrgress( )方法,即可实现从子线程

切换到 UI 线程。

14.2 使用 HttpURLConnection 访问网络

Android 客户端访问网络发送 HTTP 请求的方式一般有两种：HttpURLConnection 和 HttpClient。HttpURLConnection 是 Java 的标准类，HttpClient 是一个开源项目，下面将针对基本的 HttpURLConnection 进行详解。

14.2.1 HttpURLConnection 的基本用法

在实际开发中，绝大多数的 App 都需要与服务器进行交互，也就是访问网络，此时就需要用到 HttpURLConnection 对象。HttpURLConnection 是一个标准的 Java 类，接下来将通过一段实例来学习 HttpURLConnection 的用法，具体如下所示：

```
//在 URL 的构造方法中传入要访问资源的路径
URL url=new URL("http://www.itcast.cn");
HttpURLConnection conn=(HttpURLConnection)url.openConnection();
Conn.setRequestMethod("GET");              //设置请求方式
conn.setConnectTimeout(5000);              //设置超时时间
InputStream is=conn.getInputStream(); //获取服务器返回的输入流
try{
//读取流信息，获得服务器返回的数据
}catch(Exception){
}
conn.disconnect();                         //关闭 HTTP 连接
```


上述示例代码演示了手机端与服务器建立连接并获取服务器返回数据的过程。需要注意的是，在使用 HttpURLConnection 对象访问网络时，需要设置超时时间。如果不设置超时时间，在网络异常情况下，系统会因取不到数据而一直等待，导致程序僵死。

14.2.2 案例——网络图片浏览器

市面上大多数 Android 应用（如新浪微博、网易新闻等）都需要与服务器进行通信。接下来通过案例“网络图片浏览器”向大家演示手机端与服务器进行通信的过程，具体步骤如下：

(1)创建程序

创建一个名为“HttpClient”的网络图片浏览器的应用程序,将包名修改为“cn. itcast. imagaview”。设计用户交互界面,具体如图 14-3 所示。“网络图片浏览器”对应的布局文件(activity_main. xml)如下所示:

图 14-3　网络图片浏览器界面

```
<LinearLayout xmlns:android="http://schemas.android.com/apk/res/android"
  xmlns:tools="http://schemas.android.com/tools"
  android:layout_width="match_parent"
  android:layout_height="match_parent"
  android:orientation="vertical"
  tools:context=".MainActivity" >
  <ImageView
  android:id="@+id/img"
  android:layout_weight="1000"
  android:layout_height="fill_parent"
  android:layout_width="fill_parent"
  />
  <EditText
    android:id="@+id/et_path"
    android:layout_width="match_parent"
    android:layout_height="wrap_content"
    android:hint="请输入图片路径" />
  <Button
    android:id="@+id/btn"
    android:layout_width="match_parent"
```

```
    android:layout_height="wrap_content"
    android:text="加载图片"/>
</LinearLayout>
```

上述代码,创建了程序主界面。需要注意的是,这个布局文件用到了 android:layout_weight 这一属性。在这里,weight 不是权重的意思,而是代表控件渲染的优先级。weight 值越大,表示这个控件渲染的优先级越低。

(2)编写界面交互代码(MAinActivity)

当界面创建好后,需要在 MAinActivity 里面编写与界面交互的代码,用于实现请求指定地址的网络图片,并将服务器返回的图片展示在界面上。具体代码如下:

```
public class MainActivity extends Activity {
  protected static final int CHANGE_UI=1;
  protected static final int ERROR=2;
  private ImageView img;
  private EditText et_path;
  private Button btn;
  private Handler handler=new Handler(){
    public void handleMessage(android.os.Message msg){
      if(msg.what= =CHANGE_UI){
        Bitmap bitmap=(Bitmap) msg.obj;
        img.setImageBitmap(bitmap);
  }else if(msg.what= =ERROR){
        Toast.makeText(MainActivity.this, "显示的图片错误",0).show();
      }
    }
  };
  @Override
  protected void onCreate(Bundle savedInstanceState) {
    super.onCreate(savedInstanceState);
    setContentView(R.layout.activity_main);
    img=(ImageView) findViewById(R.id.img);
    et_path=(EditText) findViewById(R.id.et_path);
    btn=(Button) findViewById(R.id.btn);
    btn.setOnClickListener(new MyClickListener());
  }
  private class MyClickListener implements OnClickListener{
    @Override
```

```
    public void onClick(View arg0) {
      final String path=et_path.getText().toString().trim();
      if(TextUtils.isEmpty(path)){
        Toast.makeText(getApplicationContext(), "图片不能为空",0).show();
      }else{
        new Thread(){
          private HttpURLConnection conn;
          private Bitmap bitmap;
          public void run(){
            try {
              URL url=new URL(path);
              conn=(HttpURLConnection) url.openConnection();
              conn.setRequestMethod("GET");
              conn.setConnectTimeout(5000);
              conn.setRequestProperty("User-Agent", "Mozilla/ 5.0(Windows NT 6.1;
WOW64) AppleWebKit/537.36(KHTML, like Gecko) Chrome/27.0.1453.94 Safari/537.36");
              int code=conn.getResponseCode();
              if(code==200){
                InputStream is=conn.getInputStream();
                bitmap=BitmapFactory.decodeStream(is);
                Message msg=new Message();
                msg.what=CHANGE_UI;
                msg.obj=bitmap;
                handler.sendMessage(msg);
              }else{
                Message msg=new Message();
                msg.obj=ERROR;
                handler.sendMessage(msg);
              }
            } catch (Exception e) {
              // TODO 自动生成的 catch 块
              e.printStackTrace();
              Message msg=new Message();
              msg.obj=ERROR;
              handler.sendMessage(msg);
            }
          }
```

```
        }.start();
      }
    }
  }
}
```

上述代码中,核心代码是 new Thread——. start( );。这段代码实现了获取网络上图片的功能。它首先创建一个 URL 对象,然后通过 URL 对象去获取 HttpURLConnection 对象,然后设置请求的方法、超时时间、请求头信息,最后获取到了服务器返回的输入流。

(3)添加权限

由于网络图片浏览器需要请求网络,因此需要在清单文件中配置相应的权限,具体代码如下:

```
<uses-permission
uses-permission android:name="android.permission.INTERNET"/>
```

(4)运行程序浏览图片

在文本框中输入任意一个网络中的图片的地址,例如单击浏览按钮,能看到图 14-4 所示的效果。

从图 14-4 中可以看出,使用 HttpURLConnection 的 GET 方式请求指定图片的地址,成功地从服务器获取到了图片的信息。

图 14-4　图片效果

14.3　使用 HttpClient 访问网络

HttpClient 是 Apache 的一个开源项目，从一开始就被引入到 Android 的 API 中。HttpClient 可以完成和 HttpURLConnection 一样的功能，但它使用更加简单。简单来说，HttpClient 是 HttpURLConnection 的增强版。下面将针对 HttpClient 的用法进行详细讲解。

14.3.1　HttpClient 的基本用法

HttpClient 是 Apache Jakarta Common 下的子项目，用来提供高效的、功能丰富的、支持 Http 协议的客户端程序工具包。使用 HttpClient 访问网络与 HttpURLConnectiond 的过程大致相同，具体步骤如下所示：

①创建 HttpClient 对象。

②指定访问网络的方式，创建一个 HttpPost 对象或者 HttpGet 对象。

如果需要发送请求参数，可调用 HttpGet、HttpPost，也可调用 setEntity( )的方法来设置请求参数。

③调用 HttpClient 对象的 execute 方法访问网络，并获取 HttpResponse 对象。

④调用 HttpResponse. getEntity( )方法获取 HttpEntity 对象，该对象包装了服务器的响应内容，也就是所请求的数据。

表 14-1　HttpClient 常用类介绍

常用类名	功能描述
HttpClient	请求网络的接口
DefaultHttpClient	实现了 HttpClient 接口的类
HttpGet	使用 GET 方式请求必须创建该类实例
HttpPost	使用 POST 方式请求必须创建该类的实例
NameValuePair	关联参数的 Key、Value
BasicNameValuePair	以 Key、Value 的形式存放参数的类
UrlEncodeFormEntity	将提交给服务器参数进行编码的类
HttpResponse	封装了服务器返回信息的类(包含头信息)
HttpEntity	封装了服务返回数据的类

表中介绍了 HttpClient 几个常用类以及它们的作用,下面通过一段示例代码让大家更好地理解如何用 HttpClient 访问网络。具体代码如下:

```
//获取到 HttpClient 对象
HttpClient client=new DefaultHttpClient();
HttpPost httpPost=new HttpPost("http://www.itcast.cn");
List<NameValuePair>parms=new ArryList<NmaeValuePair>();
//创建一个 NamePair 集合、用于添加参数
Params.add(new BasicNamePair("username","admin"));
//给参数设置编码
UrlEncodeFormEntity entity=new UrlEncodeFormEntity(params,"utf-8");
//设置参数
httPost.setEntity(entity);
//获取 HttpResponse 对象
HttpResponse httpResponse=client.execute(httpPost);
//获取状态码
int statusCode=httpResponse.getStatusLine().getStatusCode();
if(statusCode= =200){//访问成功
  //获取 HttpEntity 的实例
  HttpEntity httpEntity=httpResponse.getEntity();
  //设置编码格斯
  String response=EntityUtils.toString(httpEntity,"utf-8");
}
```


上述代码演示了如何使用 HttpClient 访问服务器并获取返回的数据。需要注意的是,使用 POST 方式设置参数时,需要创建一个 NamePair 的集合来添加参数,在给参数设置编码时,需要与服务器的解码保持一致,否则就会出现中文乱码的情况。

14.3.2 案例——网络图片浏览器(使用 HttpClient)

为了让初学者更好地掌握 HttpClient 的用法,接下来将改写上述小节中的案例"网络图片浏览器"。由于上一个案例已经详细讲解了"网络浏览器"的创建和布局,本节案例不对布局进行更改,这里只介绍 ManActivity 里面使用 HttpClient 访问网络的代码。具体步骤如下所示:

(1)编写界面交互代码(MainActivity)

具体代码如下:

```
public class MainActivity extends Activity{
  protected static final int CHANGE_UI=1;
```

```
protected static final int ERROR=2;
private ImageView iv;
//主线程创建消息处理器
private Handler handler=new Handler(){
  public void handlerMessage(android.os.Message msg){
    if(msg.what handler= =CHANGE_UI){
      Bitmap bitmap=(Bitmap) msg.obj;
      iv.setImageBitmap(bitmap);
    }else if(msg.what= =ERROE){
      Toast.makeText(ManActivity.this,"显示图片错误",0).show();
    }
  };
};
protected void onCreate(Bundle savedInstanceState){
  super.onCreate(savedInstanceState);
  setContentView(r.layout.activity_main);
  et_path=(EditText)findViewById(R.id.et_path);
  iv=(ImageView)findViewById(R.id.iv);
  }
public void click(View view){
  final String path=et_path.getText().toString.trim();
  if(TextUtils.isEmpt(path)){
    Toast.makeText(this,"图片路径不能为空",0).show();
  }else{
    new Thread{
      public void run(){
        //使用 HttpClient 的 get 请求连接服务器,获取图片
        getImageByClient(path);
      };
    }.start();
  }
}
//使用 HttpClient 访问网络
Protected void getImageByClient(String path){
HttpClient client=new DefaultHttpClient();//获取 HttpClient 对象
HttpGet httpGet=new HttpGet(path);//用 get 方式请求网络
```

```
ty{
    //获取返回的 HttpResponse 对象
    response httpResponse=client.execute(httpGet);
    //检验服务器返回的状态码是否为你 200
    if(httpResponse,getStatuLine().getStatusCode==200{
        //获取 HttpEntity 对象
        HttpEntity entity=httpResponse.getEntity();
        //获取输入流
        InputStream content=entity.getContent();
        //获取 bitmap 对象
        Bitmap bitmap=BitmapFactory.decodeStream(content);
        //TODO 通知主线程更改 UI 界面
        Message message=new Message();
        message.what=CHANGE_UI;
        message.obj=bitmap;
        handler.sendMessage(message);
    }else{
        //状态码不为 200,访问服务器不成功
        Message message=new Message();
        message.what==ERROR;
        Handler.sendMessage(message);
    }
}catch(Exception e){
        e.printStacTrace();
        Message message=new Message();
        message.what=ERROR;
        Handler.sendMessage(message);
    }
  }
}
```


上述代码的重点在 getImageByClient( )方法里,本段采用 HttpClient 的 GET 方式请求获取网络图片资源。访问服务器成功,系统会返回 200 的状态码,此时需要获取服务器的返回的图片数据。系统通过 HttpResponse 的 getEntity( )方法获得 HttpEntity 对象,然后调用 HttpEntity 的 getContent( )方法得到输入流,最后通过 BitmapFactory 生成 Bitmap 对象,从而将服务器返回的信息转换成图片。

(2)运行程序浏览图片

在文本输入框中输入任意一个网络图片的地址,例如 https://www. baidu. com/img/bd_logo1. png,单击“浏览”按钮,此时显示的结果如图 14-5 所示。

从图 14-5 可以看出,通过使用 HttpClient 的 GET 方式请求的网络图片成功地显示在界面上。

对比两个案例可以看出,使用 HttpURLConnection 和 HttpClient 都能成功从服务器访问数据并接收到服务器返回的数据,并且 HttpClient 更加方便简洁,效率更高。

图 14-5　运行效果

14.4　数据提交方式

14.4.1　GET 方式和 POST 方式提交数据

HTPP/1. 1 协议中共定义了 8 种方法来表明 Request-URL 指定的资源和不同的操作方式,其中最常用的两种请求方式是 GET 和 POST。

(1)GET 方式与 POST 方式的区别

GET 方式是以实体的方式得到由请求 URL 所指向的资源信息,它向服务器提交的参数跟在请求后面。使用 GET 方式访问网络 URL 的长度是有限的。HTTP 协议规定 GET 方式请求 URL 的长度不超过 4 KB。但是由于 IE 浏览器 GET 方式请求 URL 的长度不能超过 1 KB,因此 GETf 方式请求 URL 的长度要小于 1 KB。

POST 方式用来向目的服务器发出请求,要求它接受被附在请求后的实体。它向服务器提交的参数跟在请求后的实体中，它提交的参数是浏览器通过流的方式直接写给服务器的，此外，POST 方式对 URL 的长度没有限制。

(2)GET 方式提交数据

使用 HttpURLConnection 的方式提交数据，具体代码如下：

```
//将用户名和密码拼装在指定资源路径后面，并给用户名和密码进行编码
String path="http://192.168.1.100:8080/web/LoginServlet?username="
+URLEncoder.encode("zahngsan")+"&password="+URLEncoder.encode("143");
URL url=new URL(path);  //创建 URL 对象
HttpURLConnection conn=(httpURLConnection)url.openConnection();
conn.setRequestMethod("GET");  //设置请求方式
conn.setConnectTimeout(5000);  //设置超时时间
int responseCode=conn.getResposeCode():  //获取状态码
if(responseCode==200){    //访问成功
  InputStrream is=conn.getInputStream();  //获取服务器返回的输入流
  try{
  }catch(){
  //读取输入流里面的信息  在这里就不做演示了
  }
}
```


上述代码所演示的就是如何使用 HttpURLConnection GET 方式提交数据到服务器。

(3)POST 方式提交数据

使用 POST 方式请求网络，请求参数跟在实体中，用户不能在浏览器中看到向服务器提交的请求参数，因此 POST 方式比 GET 方式相对安全。接下来通过一段示例代码来演示如何使用 HttpURLConnection 的 POST 方式提交数据，具体代码如下：

```
//使用 HttpURLConnection
String path="http://192.168.1.100:8080/web/LoginServle";
URL url=new URL(path);  //创建 URL 对象
HttpURLConnection conn=(httpURLConnection)url.openConnection();
conn.setConnectTimeout(5000);  //设置超时时间
conn.setRequestMethod("POST");  //设置请求方式
//准备数据并给参数进行编码
String  data="username=+URLEncoder.encode("zahngsan")
+"&password="+URLEncoder.encode("143");
//设置请求头一个数据提交方式，这里是以 form 表单的方式提交
conn.setRequsetProperty("Content-Type","application/x-www-form-urlencoded");
//设置请求头一设置提交数据的长度
```

```
Conn.setRequestProperty("Content-Type",data.length()+"");
//post 方式,实际上是浏览器把数据写给了服务器
Conn.setDoOutput(true);                     //设置允许向外写数据
OutputStream os=conn.getOutputStream();  //利用输出流往服务器写数据
os.write(data.getBytes());                  //将数据写给服务器
int code=conn.getResponseCode();           //获取状态码
if(code==200){                              //请求成功
  inputStream is=conn.getInputStream();
  Try{
  //读取服务器返回的信息
  }catch(){
  }
}
```

从上述代码中可以看出,使用 HttpURLConnection 的 POST 方式提交数据时,是以流的形式直接将数据参数写到服务器上的,需要设置数据的提交方式和数据的长度。

注意:

在实际开发中,手机端与服务器进行交互时,避免不了要提交中文到服务器,就会出现中文乱码的情况。因此,无论是 GET 方式还是 POST 方式,提交参数时都要给参数进行编码。需要注意的是,编码方式必须与服务器解码方式统一;同样在获取服务器返回的中文字符时,也需要用指定格式进行解码。

14.4.2　案例——提交数据到服务器

为了让初学者掌握 GET 方式和 POST 方式提交数据,接下来通过案例演示手机端如何提交数据到服务器。具体步骤如下:

(1)创建程序

创建一个名为"提交数据到服务器"的应用程序,将包名修改为 cn. itcast. login,设计用户交互界面,具体如图 14-6 所示。

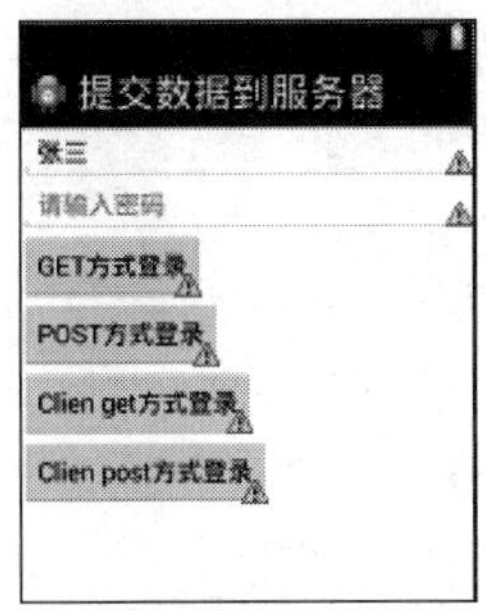

图 14-6　"提交数据到服务器"界面

"提交数据到服务器"的布局文件(activity_main. xml)代码如下:

```
<LinearLayout xmlns:android = "http://schemas.android.com/apk/res/android"
  xmlns:tools = "http://schemas.android.com/tools"
  android:layout_width = "match_parent"
  android:layout_height = "match_parent"
  android:orientation = "vertical"
  tools:context = ".MainActivity" >
  <EditText
    android:id = "@ +id/et_username"
    android:layout_width = "match_parent"
    android:layout_height = "wrap_content"
    android:hint = "请输入用户名"
    <EditText
      android:id = "@ +id/et_password"
      android:layout_width = "match_parent"
      android:layout_height = "wrap_content"
      android:hint = "请输入密码"
      android:inputType = "textPassword"/>
    <Button
      android:layout_width = "wrap_content"
      android:layout_height = "wrap_content"
      android:onClick = "click1"
      android:text = "GET 方式登录"/>
    <Button
      android:layout_width = "wrap_content"
      android:layout_height = "wrap_content"
      android:onClick = "click2"
      android:text = "POST 方式登录"/>
    <Button
      android:layout_width = "wrap_content"
      android:layout_height = "wrap_content"
      android:onClick = "click3"
      android:text = "Clien get 方式登录"/>
    <Button
      android:layout_width = "wrap_content"
      android:layout_height = "wrap_content"
```

```
    android:onClick="click4"
    android:text="Clien post 方式登录"/>
</LinearLayout>
```

(2)编写界面交互代码

当 UI 界面创建好后,需要在 MainActivity 里面编写与界面交互的代码,用于实现不同方式提交数据到服务器并将服务器返回的信息显示在界面上的功能。其代码如下:

```
public class MainActivity extends Activity{
  private EditText et_username;
  private EdutText et_password;
  protected void onCreate(Bundle savedInstanceState){
    super.onCreate(savedInstanceState);
    setContentView(R.layout.activity_main);
    //初始化控件
    et_username=(EditText)findViewById(R.id. et_username);
    et_password=(EditText)findViewById(R.id. et_password);
  }
  //HttpURLConnection GET 方式
  public void click1(View view){
    //获取用户输入的用户名
    final String username=et_username.getText().toString().trim();
    //获取密码
    final String password=et_password.getText().toString().trim();
    new Thread() {
      public void run(){
      //调用 LoginService 里面的方法访问服务器,并获取服务器返回的信息
      final String result=LoginService.loginByGet(username, password);
      if(result!=null){
        //UI 线程更改界面
        runOnUiThread(new Runnable(){
      @Override
      public void run(){
          Toast.makeText(MainActivity.this, result,0).show();
      }
    });
  }else {
    //请求失败,UI 线程弹出 toast
```

```
    runOnUiThread(new Runnable(){
      @Override
        public void run() {
          Toast.makeText(MainActivity.this,"请求失败...",0).show();
        }
      });
    }
  });
}.start();
}
//HttpURLConnection POST 方式
public void click2(View view){
  //首先获取界面用户输入的用户名和密码
  final String username=et_username.getText().toString().trim();
  final String password=et_password.getText().toString().trim();
  new Thread(){//开启子线程访问网络
    public void run(){
    //调用 LoginService 里面的方法访问网络
    final String result=LohinService.loginByPost(username, password);
  if(result!=null){
    //UI 线程更改界面
    runOnUiThread(new Runnable(){
      @Override
      public void run(){
        Toast,makeText(MainActivity.this, result,0).show();
      }
    });
  } elst {
    //请求失败,使用 UI 线程更改 UI 界面
    runOnUiThread(new Runnable(){
      @Override
      public void run() {
        Toast.makeText(MainActivity.this,"请求失败...",0).show();
      }
    });
  }
});
```

```
}.start();
}
//HttpClient GET 方式
public void click3(){
  //获取输入的用户名和密码
  final String username=et_username.getText().toString().trim();
  final String password=et_password.getText().toString().trim();
  new Thread(){//开启在子线程访问网络
    public void run(){
    //调用 LoginService 里面的方法请求网络获取数据
    final String result=LoginService.loginByClientGet(username, password);
    if(result!=null){
      //使用 UI 线程弹出 toast
      runOnUiThread(new Runnable(){
        @Override
        public void run() {
          Toast.makeText(MainActivity.this,result,0).show();
        }
      });
  } else{
    //请求失败,使用 UI 线程弹出 toast
    runOnUiThread(new Runnable{
        @Override
        public void run(){
          Toast.makeText(MainActivity.this, "请求失败…",0).show();
        }
      });
    }
  };
  }.start();
}
//HttpClient POST 方式
public void click4(View view) {
  //获取输入的用户名和密码
  final String username=et_username.getText().toString().trim();
  final String password=et_password.getText().toString().trim();
```

```
    new Thread() {
        public void run() {
        //使用工具类 LoginService 中的方法访问网络获取服务器返回信息
        final String result=LoginService.loginByClientPost(username,password);
        if(result! =null) {
          //UI 更改界面
          runOnUiThread(new Runnable(){
            @Override
            public void run() {
              Toast.makeText(MainActivity.this,"resulr",0).show();
            }
          });
        } else {
          //请求失败,弹出 toast
          runOnUiThread(new Runnable(){
            @Override
            public void run() {
              Toast.makeText(MainActiviy.this,"请求失败…",0).show();
            }
          });
        }
      };
    }.start();
    }
}
```


上述代码分别初始化了输入用户名和密码两个 EditText 和几种不同访问网络方式的 Button。Button 的点击事件主要调用了 LoginService 类中的方法来访问服务器并获取数据;获取到数据之后,调用到线程更新 UI 界面。

(3)创建工具类

由于本案例多处用到了访问网络的代码,因此将访问网络的代码封装成工具类 LoginService。LoginService 具体代码如下:

```
Public class LoginService {
  //使用 HttpURLConnection GET 方式提交数据
  Public static String loginByGet (String username,String password) {
  try {
    //拼装 URL,注意为了防止乱码,这里需要将参数进行编码
```

```
    String path =
      "http://172.16.26.59:8080/Web/LogingServlet?username = "
        +URLEncoder.encoder(username, "UTF-8")
        +"&password = "+URLEncoder.encoder(password);
    //创建 URL 实例
    URL url = new URL(passth);
    //获取 HttpURLConnnection 对象
    HttpURLConnection conn = (HttpURLConnection) url.openConnection();
    conn.setConnectTimeout(5000);       //设置超时时间
    conn.setRequestMethod("GET");       //设置访问方式
    int code = conn.getResponseCode();  //获取返回的状态码
    if(code = =200) {                   //请求成功
      InputStream is = conn.getInputStream();
      String text = StreamTools.readInputStream(is);
      Return text;
    }else{
      Return null;
    }
  }catch(Exception e) {
    e.printStackTrace();
  }
  Return null;
}
//使用 HttpURLConnection POST 方式提交数据
Public static String loginByPost(String username,String password) {
  try {
    //要访问的资源路径
    String path = "http://172.16.26.59:8080/Web/LoginServlet";
    //创建 URL 的实例"
    URL url = new URL(path);
    //获取 HttpURLConnection 对象
    HttpURLConnection conn = (HttpURLConnection) url.openConnection();
    //设置超时时间
    conn.setConnecTimeout(5000);
    //指定请求方式
    conn.setRequestMethod("POST");
    //准备数据,将参数编码
```

```
    String data="uesrname="+URLEncoder.encode(username)
    +"&password="+URLEncoder.encode(password);
    //设置请求头
    conn.setRequestproperty("Content-Type","application/x-www-form-urlencod-
ed");
    conn.setRequestProperty("Conntent-Length",data.length()+"");
    //将数据写给服务器
    conn.setDoOutput(true);
    //得到输出流
    OutputStream os=conn.getOutputStream();
    os.write(data.getBytes());          //将数据写入输入流中
    int code=conn.getRespopnseCode();  //获取服务器返回的状态码
    if(conn==200) {
      //得到服务器返回的输入流
      inputStream is=conn.getInputStream();
      //将输入流转换成字符串
      String text=StreamTools.readInputStream(is);
      Return text;
   }else{
     Return null;
   }
  }catch(Exception e) {
    e.printStackTrace();
  }
  return null;
}
//采用 htppclient get 提交数据
Public static String loginByClientGet(String username,String password) {
  try {
    //1.创建 HttpClient 对象
    HttpClient client=new DefaultHttpClient();
    //2.拼装路径,注意将参数编码
    String path="http://172.16.26.59.8080/Web/LoginServlet?username="
    +URLEncoder.encode(username)
    +"&password="+URLEncoder.encode(password);
    //3.GET 方式请求
    HttpGet httpGet=new HttpGet(path);
```

```
    //4.获取服务器返回的 HttpRespones 对象
    HttpResponse response=client.execute(httpGet);
    //5.获取状态码
    int code=response.getStatusLine().getStatusCode();
    if(code==200) {
    //获取输入流
    InputStream is=response.getEntity().getContent();
    //将输入流转换成字符串
    String text=StreamTools.readInputStream(is);
    return text;
  } else {
    return null;
  }
  }catch(Exception e) {
    e.printStackTreace();
    return null;
  }
}
//采用 httpiclient post 提交数据
public static String loginByClientPost(String username,String password){
  try {
    //1.获取 HttpClient 对象
    Client client=new DefaultHttpClient();
    //2.指定访问地址
    String path="http://172.16.26.59:8080/Web/LoginServlet";
    //3.POST 方式请求网络
    HttpPost httpPost = new HttpPost(path);
    //4.指定要提交的数据实体
    List<NameValuePair> paramters=new ArrayList<NameValuePair>();
    parameters.add(newBasicNameValuePair("username",username));
    parameters.add(newBasicNameValuePair("password",password));
    httpPost.setEntity(new UrlEncodeFormEntity(parameters,"UTF-8"));
    //5.请求服务器并获取服务器返回的信息
    HttpResponse reponse=client.execute(httpPost);
    int code=response.getStratusLine().getStatusCode();     //获取状态码
      if(code==200) {                                       //访问成功
```

```
            InputStream is=response.getEntity().getContent();
            //将输入流转换成字符串
            String text=StreamTools.readInputStream(is);
            return text;
        } else {
            return null;
        }
    }catch(Exception e) {
        e.printStackTrace();
        return null;
    }
  }
}
```

上述代码封装了不同方式与服务器进行数据交互的代码。从上述代码中可以看出,无论是使用 GET 方式还是 POST 方式,HttpURLConnection 更简便。代码中多处用到了工具类 StreamTools, StreamTools 是一个将输入流转换成字符串的工具类,具体代码如下:


```
Public class StreamTools {
  //把输入流的内容转换成字符串
  public static String readInputSream(InputStream is) {
    try{
      ByteArrayOutputStream baos= new ByteArrayOutStream();
      int len=0;
      Byte[] buffer=new byte[1024];
      while ((len=is.read(buffer))!=-1); {
        baos.write(buffer,0,len);
      }
      is.close();
      baos.close();
      Byte[] result=baos.toByteArray();
      //试着解析 result 里面的字符串
      Sring temp=new String (result);
      return temp;
    } catch(Exception e) {
      e.printStackTrace();
```

```
        return "获取失败";
    }
  }
}
```

(4)添加权限

由于在本案例中需要访问网络,因此需要在 AndroidMainfest. xml 文件中配置相应的权限。具体代码如下:

```
<uses-permission android:name="android.permission.INTERNET/">
```

(5)Web 工程实例代码

由于本案例需要演示服务器接收手机端提交的参数,因此需要创建一个 Web 工程,模拟服务器。创建一个工程名为 Web 的 javaEE 工程,在 src 的目录下创建 LoginServlet, LoginServlet 代码如下:

```
Public class LoginServlet extends HttpServlet{
  private static final long serialVersionUID=1L;
  //构造方法
  public LoginServlet(){
    Super();
  }
  //Get 方式请求调用的方法
  protected void doGet(HttpServletRequest request ,HttpServletResponse response)
throws ServletException,IOException{
    String username=request.getParameter("username"); // iso-8859-1
    String password=request.getParameter("password");
    if("zhangsan".equals(username)&&"143".equals(password)){
      response.getOutputStream().write("登录成功".getBvtes("utf-8"));
    }else{
      response.getOutputStream().write("登录失败".getBvtes("utf-8"));
    }
  }
  //post 方法调用的方法
  protected void doPot(HttpServletRequest req ,HttpServletResponse resp)
  throws ServletException,IOExcption{
        doGet(req resp);
  }
}
```

上述代码的主要功能是接收来自手机端的请求、获取到手机端的参数、校验手机端提交的数据、响应手机端请求并返回相应的数据。当手机端传递过来的用户名是 zhangsan 并且密码是 143 的时候，服务器就会返回“登录成功”的信息，否则返回“登录失败”的信息。需要注意的是，要在 web. xml 文件注册 Servlet，具体代码如下：

```
<servlet>
  <servlet-name>LoginServlet<servlet-name>
  <servlet-class>com.itheiam.web.LoginServlet<servlet-class>
<servlet>
</servlet-name> LoginServlet<servlet-name>
  <url-partern>/ LoginServlet</url-pattern>
</servlet-mapping>
```

运行 Web 程序，然后在浏览器中输入 http://本机 IP：8080/web/ LoginServlet? usernname=zhangsan&password=143，测试是否部署好。

(6)运行程序提交数据

搭建好服务器之后，将程序部署到虚拟机上，运行之后可以得到如图 14-7 所示的结果。

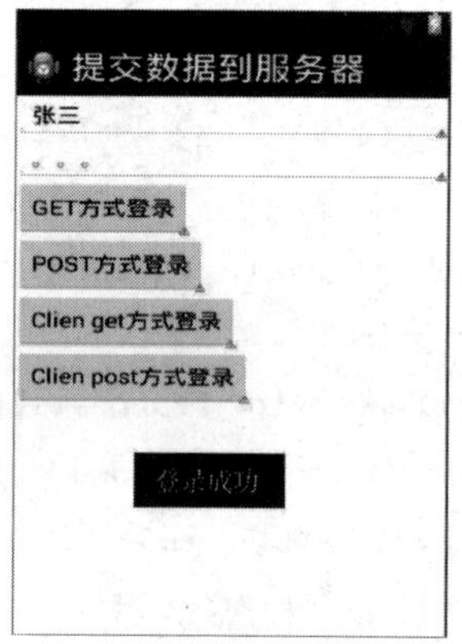

图 14-7　运行效果

从图 14-7 可以看出，数据成功提交到服务器，使用了 HttpURLConnection 和 HttpClient 两种方式来提交数据。从代码中可以看出使用 HttpClient 更加简便。

14.5　开源项目

在实际开发中，使用 Android 自带的 API 与服务通信比较麻烦。一些热心的开发者为了节约开发陈本、节约开发时间，开发了一些开源的项目方便大家使用。因此，网上出现了各种各样的开源项目。下面针对网上比较热门的两个开源项目 AsyncHttpClient 和 SmartImageView 进行详细讲解。

14.5.1　AsyncHttpClient 的使用

由于访问网络是一个耗时的操作，放在主线程里面会影响客户体验，因此 Google 规定 Android 4.0 以后访问网络的操作都必须放在子线程中。但在 Android 开发中，发送、处理 HTTP 请求十分常见，如果每次与服务器进行数据交换都需要开启一个子线程，这样也是非常麻烦的。为了解决这个问题，一些开发者开发了开源项目——AsyncHttpClient。

顾名思义，AsyncHttpClient 是对 HttpClient 的再次包装。AsyncHttpClient 的特点有：发送异步 HTTP 请求，HTTP 请求发生在 UI 线程之外，内部采用了线程池来处理并发送请求。它使用起来比 HttpClient 更加便捷。下面简要介绍 AsyncHttpClient 的使用方法。

(1)下载 AsyncHttpClient 源代码

要使用 AsyncHttpClient，首先要下载它的源代码。

(2)将 AsyncHttpClient 引入自己的工程中

下载 AsyncHttpClient 的源代码之后，解压复制 src 文件夹下的源代码，然后将其粘贴在自己的工程目录 src 下即可。也可以下载 jar 包，将 jar 文件粘贴在工程目录 libs 文件夹下，然后右击并依次选择 Build Path—Add to Build Path 即可。需要注意的是，由于 AsyncHttpClient 是第三方的开源项目，会经常更新，使用方法会因版本差异有所不同。

(3) AsyncHttpClient 的使用方法

AsyncHttpClient 的常用类及作用，如表 14-2 所示。

表 14-2　AsyncHttpClient 常用类介绍

常用类及名称	功能描述
AsyncHttpClient	用来访问网络的类
RequestParams	用来添加参数的类
AsyncHttpResponseHander	访问网络后回调的接口

如果要使用 AsyncHttpClient，首先要创建 AsyncHttpClient 的实例，然后设置参数，接着通过 AsyncHttpClient 的实例对象访问网络，如果访问成功则会回调 AsyncHttpResponseHander 接口中的 OnSucess 方法，失败则回调 OnFailure 方法。

使用 AsyncHttpClient 访问网络，具体代码如下：

```
//AsyncHttpClient 的实例
AsyncHttpClient client = new AsyncHttpClient();
```

```
String path="http://192.168.1.100:8080/web/LoginServlet?username="+URLEncoder.
encode("zhangsan")+"&password="+ URLEncoder.encode("1434");client.get(path,new
AsyncHttpResponseHandler(){
  public void onSurccess(String content){
    super.onSurccess(content);
    Toast.makeText(MainActivity.this,"请求成功: "+content,0).show();
  }
  public void onFailure (Throwable error,String content){
    // TODO Auto-generated method stub
    Super. onFailure(error.content);
    Toast.makeText(MainActivity.this,"请求失败: "+content,0).show();
  }
});
AsyncHttpClient client=new AsyncHttpClient();
String url="http://192.168.1.100:8080/web/LoginServlet";
RequestParams params=new RequestParams();
params .put("name","张三");
params.put("pass","143456");
client.post(url,params,new AsyncHttpResponseHandler(){
  public void onSuccess(int statusCode,Header[] headers,byte[] responseBody){
    super.onSuccess(statusCode, headers, responseBody);
    Toast.makeText(MainActivity.this,"请求成功: "+content,0).show();
  }
  public void onFailure (Throwable error,String content){
    // TODO Auto-generated method stub
    super. onFailure(error.content);
    Toast.makeText(MainActivity.this,"请求失败: "+content,0).show();
  }
});
```


14.5.2 SmartImageView

常见软件,例如手机 QQ、天猫、京东商城等,都加载了大量网络上的图片。

用 Android 自带的 API 实现这一功能时,首先需要请求网络,然后获取服务器返回的图片信息,转换成输入流,使用 BitmapFactory 生成 Bitmap 对象,最后设置到指定的控件中。这种操作步骤是十分麻烦而且耗时的。为此,本节将向大家简要介绍的一个开源项目——SmartImageView。

开源项目 SmartImageView 的出现主要是为了加载网络图片,它集成自 ImagesView 类,支持根据 URL 地址加载图片、异步加载图片、图片缓存等。

在使用 SmartImageView 之前,需要下载 SmartImageView 的源代码,然后将 SmartImageView 的源代码引入到自己的工程项目中。接下来通过一段实例代码学习下 SmartImageView 的具体用法,具体步骤如下:

(1)添加 SmartImageView 控件

首先在布局文件中添加一个 SmartImagesView 控件,具体代码如下:

```
<com.loopj.android,images.SmartImagesView
  Android:laqout_weight="1000"
  Android:id="@+id/siv"
  Android:layout_width="fill_parent"
  Android:layout_height="fill_pqrent" />
```

(2)使用 SmartImageView 控件

在 Activity 中使用 SmartImageView 控件,代码如下:

```
public class MainActivity extends Activity{
  protected void onCreate(Bundle savedInstanceState){
    super.onCreate(savedInstandInsanceState);
    setcontentView(R.layout.acticity_main);
    //找到 SmartImageView
    SmartImageView siv = (SmartImageView) findviewById(R.id.siv);
    //加载指定的地址图片
    siv.setImageUrl("指定的图片",
    R.drawable.ic_launcher,  //网络图片没找时显示的图片
    R.drawable.ic_launcher); //正在加载中时显示的图片
  }
}
```

从此段代码可以看出,SmartImageView 可以当作一个自定义控件来使用。在加载指定图片的时候,只需要调用 setImageUrl( )方法指定图片路径、加载中显示的图片及加载失败显示的图片即可。

【小结】

本项目详细讲解了 Android 系统网络编程。首先介绍了 HTTP 协议,然后介绍了 Android 两种访问网络、提交数据的方式,接着介绍了网上比较热门的两个开源项目。

参考文献

[1] Android 4.4 SDK Reference 2014.

[2] 郭霖.第一行代码 Android[M].2 版.北京:人民邮电出版社,2016.

[3] 传智播客高教产品研发部.Android 移动应用基础教程[M].北京:中国铁道出版社,2015.

[4] 李钦.基于工作项目的 Android 高级开发实战[M].北京:电子工业出版社,2015.

[5] 陈春茶.Android 项目开发详解[M].北京:机械工业出版社,2012.